Hot Cuisine 100 recettes aphrodisiaques

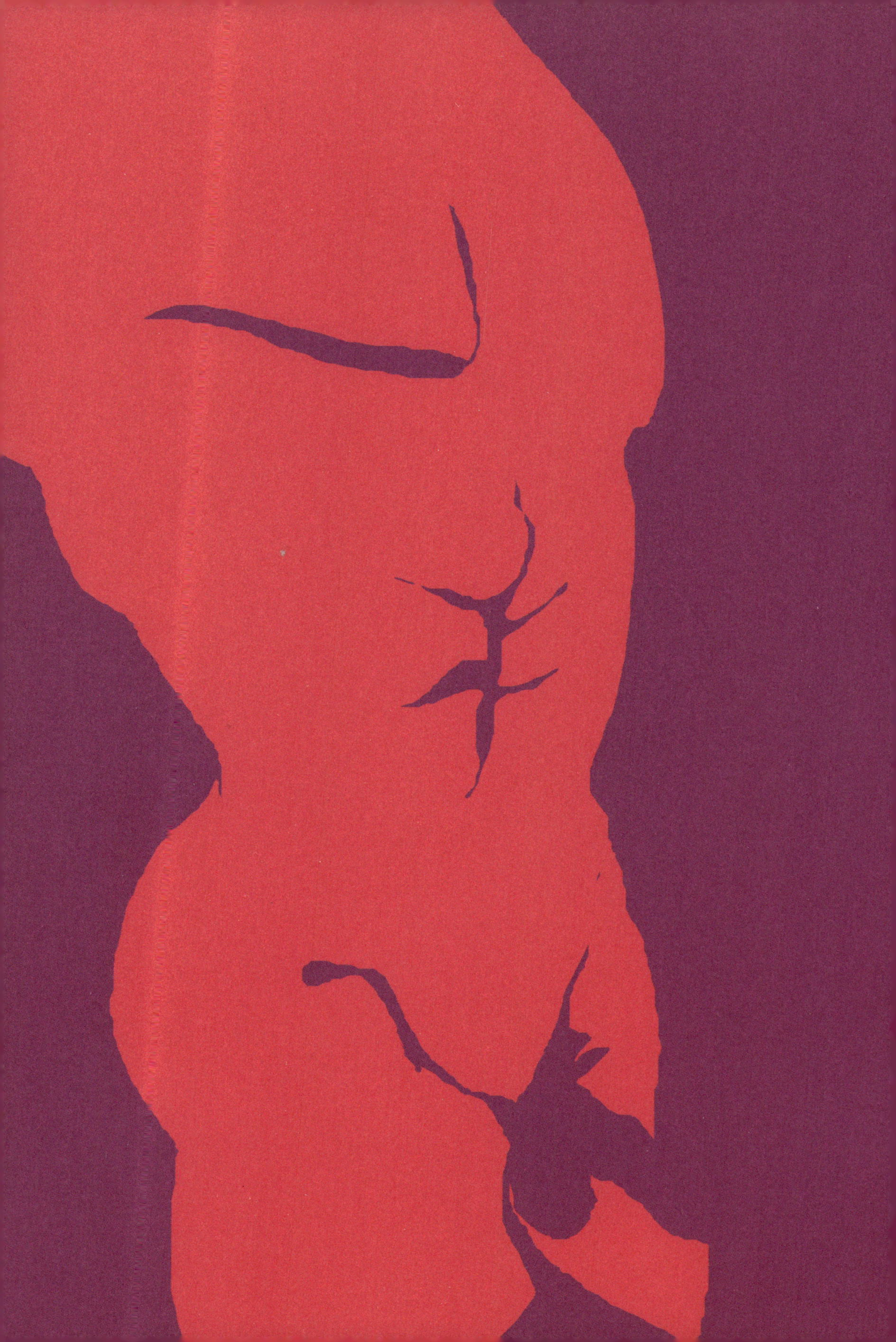

Hot Cuisine 100 recettes aphrodisiaques

RÉGINE **TEYSSOT**
CHRISTIANE **JEAN**

MAXIME **REBIÈRE**

Minerva

SOMMAIRE DES **TOURTEREAUX**

Graphisme : Élisabeth FERTÉ

Connectez-vous sur :
www.lamartiniere.fr

AVANT-PROPOS

Tout comme Monsieur Jourdain faisait de la prose naturellement, nous mangeons tous les jours des aphrodisiaques sans le savoir, surtout dans les pays méditerranéens. D'où la réputation de sang chaud de leurs habitants ! Certains esprits chagrins diront que tout ça n'est que pure invention. Pourtant, depuis des millénaires et dans toutes les civilisations, les hommes ont attribué à bon nombre d'aliments des vertus aphrodisiaques.

Notre propos n'est pas de faire un livre médical. Il faut noter cependant que plusieurs médecins se sont penchés sur le sujet et ont découvert, entre autres, que l'ail contient de l'allicine ayant un pouvoir vasodilatateur qui, favorisant la circulation sanguine, contribue au maintien d'une bonne érection. Que la cuisse de grenouille contient de la cantharidine, substance qui assure des érections prolongées. Que le champagne désinhibe les femmes un peu timides... Tout le monde s'accorde pour reconnaître que les plantes peuvent soigner ou tuer, alors pourquoi pas exciter...

Nous proposons ici une liste des aphrodisiaques les plus courants. Bien sûr, elle n'est pas exhaustive, et nous avons volontairement éliminé les substances illégales et les denrées introuvables. Nous n'avons pas utilisé tous les produits dans nos recettes. Certains n'étaient pas adaptés (la mandragore, par exemple, est plutôt un clin d'œil aux sorcières du Moyen Âge), d'autres n'ont tout simplement pas trouvé leur place dans notre cuisine. À vous d'en tirer parti au gré de votre inspiration !

Soyez inventifs, laissez libre cours à votre imagination... et régalez-vous !

LES APHRODISIAQUES
LES PLUS COURANTS

Abricot
Ail
Amande
Ambre gris
Ambrette
Aneth
Angélique
Anis
Artichaut
Avocat
Avoine (müesli)
Banane
Basilic
Bière
Blé
Cacao
Café
Cannelle
Capucine
Cardamome
Carvi
Caviar
Céleri
Champagne
Chocolat noir
Chou
Ciboule
Citron
Clou de girofle
Coca (noix)
Cola
Coriandre
Cresson
Cuisses de grenouille
Cumin
Curcuma
Curry
Datte
Échalote
Fenouil
Fenugrec
Fève
Figue
Gelée royale
Genièvre
Gingembre
Ginseng
Girofle
Grenade
Guarana
Haricots rouges ou noirs (frijoles)
Huître
Iris
Jasmin
Mandragore
Marjolaine (origan)
Menthe poivrée
Miel, pollen
Moutarde
Musc
Muscade (noix)
Noix et noisette
Oignon
Ortie
Persil
Piment
Pistache
Pois chiche
Poivre de Cayenne
Quatre-épices
Raifort
Réglisse
Romarin
Roquette
Rose (liqueur ou sirop)
Safran
Salsepareille
Santal
Sarriette (herbe aux satyres)
Sauge
Sésame
Tabasco
Tomate
Truffe
Vanille
Verjus
Verveine
Vin

LES FLEURS COMESTIBLES

Soyez inventifs ! Amusez-vous ! Décorez vos salades, vos plats et vos desserts avec toutes les fleurs que nous vous proposons. Vous aurez en même temps le goût, la beauté et l'originalité.

Bégonia : Salades et crème au yaourt (pour le concombre, par exemple)

Bleuet : Glaces, sorbets et salades

Bourrache : Salades de fruits rouges

Camélia : Salades et desserts

Capucine : Partout !

Chèvrefeuille : Salades de fruits

Chrysanthème : Salades et potages

Coquelicot : Salades

Coucou : Desserts

Dahlia : Salades et desserts

Fleurs de la passion : Crèmes dessert

Géranium : Salades

Jacinthe : Desserts

Jasmin : Fruits et sorbets

Lavande : Desserts

Lilas : Desserts et chocolats

Marguerite : Salades

Œillet : Desserts

Pâquerette : Salades

Pensée : Salades

Pivoine : Desserts

Primevère : Poissons et salades

Rose : Salades et desserts

Souci : Salades (peut aussi remplacer le safran dans le riz et dans les sauces)

Tulipe : Viandes

Violette : Salades et desserts

Attention toutes les fleurs ne sont pas comestibles. Certaines sont même toxiques l'anémone, l'ancolie, l'arnica, la belladone, le cyclamen, le muguet, le laurier-rose, le lupin, la giroflée, les renoncules, le ricin, le perce-neige…
Comme pour les champignons, si vous n'êtes pas sûrs de vous, évitez.

CONSEILS AUX CUISINIERS AMOUREUX... NULS !

Non, un chinois n'est pas un Cantonnais égaré dans votre cuisine ! Mais une petite passoire pour filtrer vos sauces...
Non, vanner la crème ne veut pas dire lui envoyer des remarques désobligeantes ! Mais la fouetter...
Oui, pour faire une omelette il faut casser la coquille des œufs !
Allez ! Ne vous découragez pas d'avance, tout va bien se passer. Vous n'allez quand même pas ouvrir une boîte de raviolis !

Imaginez en plus que si le monsieur ou la dame que vous avez invité(e) pense que vos performances au lit sont égales à vos performances culinaires... ses ardeurs risquent d'être refroidies. Comme dit si bien le proverbe : « Chipote à table, chipote au lit ! ». Bref, n'épiloguons pas !

Nous vous avons concocté des petits plats très faciles, que vous ne pouvez pas rater. Prenez votre temps, lisez deux fois la recette, préparez vos ingrédients à l'avance pour avoir tout sous la main. Et en cas de panique, téléphonez à votre mère !

Alors, lancez-vous... Et qui sait ? Vous allez peut-être vous prendre au jeu, passer un jour aux recettes plus difficiles, et pourquoi pas... devenir un super bon cuisinier ! Car dans ce livre, rien n'est infaisable ! Et en plus, c'est bon !

Et pensez à la récompense...

BAIN APHRODISIAQUE
ET MASSAGES

À prendre seul ou à deux...
Si vous allez chez l'herboriste pour lui demander des roses de Mara (voir Thé à la rose, page 139) demandez-lui de vous préparer un mélange de coquelicots, pervenches, valériane, bleuets, fougères mâles et pensées sauvages. Dans 1 litre d'eau froide, mettez 6 cuillerées à soupe du mélange. Portez à ébullition et faites une décoction pendant 5 minutes. Laissez reposer 15 minutes, filtrez et ajoutez à l'eau de votre bain.
Vous pouvez aussi mélanger : 100 g de romarin, 100 g de sauge, 100 g d'origan, 100 g de menthe, 100 g de fleurs de camomille, 50 g de muscade râpée.
Faites infuser le tout dans 2 litres d'eau bouillante et laissez macérer toute la journée. Filtrez et ajoutez 100 g de teinture de genièvre et 100 g de teinture de girofle (en vente en pharmacie). Versez dans votre bain.
Plus simplement, versez de l'huile de vanille dans votre bain et, en sortant, frictionnez-vous avec quelques gouttes d'essence d'ylang-ylang.
Si votre amoureux est un peu... tendu, diluez dans de l'huile de coco, 10 gouttes d'huile essentielle d'ylang-ylang, et massez.

MIGNARDISE « SPÉCIALE **SAINT-VALENTIN** »

Tamisez la lumière.
Effeuillez délicatement deux petits corps chauds, et incorporez-les dans un lit douillet, sous une couette moelleuse.
Ajoutez de la poudre de baisers et des caresses à volonté. Mélangez.
Pimentez de quelques mots de désir et de quelques frissons de plaisir.
Avec un zeste de volupté, faites revenir doucement en arrosant de quelques soupirs.
Lorsque les petits corps sont bien fondants, libérez les amours en cage et retirez du feu. Au moment de servir, décorez de fruits de la passion.
Dégustez ce dessert avec une coupe d'un excellent champagne.

LE JOUR J
LES PRÉPARATIFS

♥ La Saint-Valentin… Oui, bien sûr ! Une date à retenir ! Mais après tout, pourquoi ne pas la fêter tous les jours… ou presque ? Quand on aime on ne compte pas !
Ne vous endormez pas sur votre amour ! Donnez-lui du piment, notamment en cuisine. Amoureux de longue date, à vos casseroles !

♥ En revanche, si c'est votre premier dîner en amoureux à la maison, n'oubliez pas de demander à votre convive ce qu'il (ou elle) aime. Ne le nourrissez pas de ce dont il a horreur ! S'il déteste l'ail, changez de recette, ou mettez de l'échalote !

♥ Attention aux allergies également : évitez la farandole de crevettes s'il risque un œdème de Quincke !

♥ Faites vos courses soigneusement : il ne s'agit pas au dernier moment d'oublier le gingembre !
Bref, préparez soigneusement votre menu, plusieurs jours à l'avance si vous le pouvez. Rappelez-vous que la bonne cuisine passe par les bons produits ! Comme disait Brillat-Savarin : « Il y a truffe et truffe, comme il y a fagot et fagot. » Alors, prenez le temps de les chercher…

♥ Pour une soirée réussie, éveillez tous vos sens !
Pour cela, pensez d'abord à créer une ambiance…
Commencez par les fleurs… Savez-vous que les fleurs de tiaré sont réputées aphrodisiaques ? Commandez-les à l'avance. Sinon, vous avez le choix entre la rose, le jasmin, le seringa, le gardénia et la tubéreuse.

♥ Dressez une jolie table en privilégiant les couleurs érotisantes : le jaune stimule l'énergie sexuelle, l'orange est un euphorisant. Quant au rouge orangé... il fait les deux ! N'oubliez pas les bougies pour une atmosphère chaude et intime !
Vous pouvez prélever une ou deux roses de votre bouquet pour les effeuiller sur votre table joliment dressée. En automne, disposez des marrons à la place.
Enfin, soyez inventifs et amusez-vous !

♥ De la même façon, jonglez à l'intérieur des recettes.
Au moment de cuisiner, sortez tous vos ingrédients pour les avoir sous la main et pour être sûr de n'avoir rien oublié.
Nous avons volontairement fait l'impasse sur le fromage (vous avez dû le remarquer !). Un excès de nourriture (et de boisson) risquerait de vous endormir plus vite que vous ne le désirez ! Mais si votre amoureux(se) ne peut pas s'en passer, offrez-lui la brebis d'amour, fromage corse réputé aphrodisiaque !
Pensez aussi, quand vous aurez fini de cuisiner, à enlever les odeurs sur vos mains. Rien de pire qu'une caresse au poisson, à l'ail ou à l'oignon. L'odeur de poisson s'élimine avec du vinaigre pur ou une pomme de terre crue fraîchement coupée, celle de l'oignon avec du persil frais, celle de l'ail avec du marc de café. Frottez-vous ensuite les mains avec de l'huile à la rose musquée.

♥ Quant au champagne, le meilleur ami de votre soirée, n'oubliez pas qu'un verre vous jette dans les bras de Morphée et deux dans ceux de votre amoureux(se). Mais ne buvez pas la bouteille !... Vous retourneriez à Morphée sans passer par la case désir ! Et si à la deuxième coupe, vous ne pouvez plus attendre, et que la magie de l'amour vous entraîne... pensez à éteindre le gaz, sous le plat qui mijote.

♥ Perdez alors la tête, et abandonnez-vous à la volupté !

Les entrées des amoureux

J'aime prendre un bain
Avec toi quand tu bandes
Et que sur mes seins,
Nerveux, tu sarabandes.

J'aime quand tes mains
M'ouvrent au creux des fesses
Comme un petit pain
Tout chaud, un jour de liesse.

Et qu'au lit de l'eau,
Savonneux, tu me baises
D'un élan si beau
Que j'en puis mourir d'aise.

CILICK
AU FIL DE L'EAU

Pensez aux petits ramequins individuels... pour une solitude partagée !

La crème des cœurs... **d'artichauts**

Préparation : **10 min**

Cuisson : **30 à 40 min pour les artichauts**

Facile

2 artichauts
1 rondelle de citron
Jus de 1 citron
25 cl de bouillon de volaille
2 grosses cuillerées à soupe de crème fraîche
1 bouquet de persil plat
2 noisettes de beurre
Tabasco
Sel, poivre

♥ Faites cuire les artichauts avec une rondelle de citron dans une grande quantité d'eau bouillante salée, suffisamment longtemps pour que les feuilles se détachent facilement. Pendant ce temps, préparez le bouillon de volaille en suivant les indications portées sur le paquet.

♥ Enlevez le foin des cœurs d'artichauts bien cuits, grattez la pulpe des feuilles en veillant à ne pas incorporer de filaments. Coupez les cœurs d'artichauts en morceaux et mixez-les avec la pulpe des feuilles, le bouillon de volaille, la crème fraîche, le persil et quelques gouttes de Tabasco. Salez et poivrez. Rectifiez l'assaisonnement. Réservez au frais.

♥ Versez la crème de cœurs d'artichauts dans des coupes 10 minutes avant le service. Incorporez le jus de citron au dernier moment. Si vous le désirez, vous pouvez également déposer une noisette de beurre frais.

« Ne courtisez jamais une belle qui ne soit pas gourmande : vous commettriez une erreur de psychologie et même de physiologie. »

CURNONSKY
La Table et l'Amour

Vous pouvez préparer la sauce à l'avance. Lavez, équeutez vos herbes et incorporez-les au dernier moment.

SALADE FOLLE
D'HERBES FRAÎCHES

Préparation : **20 à 30 min**

Cuisson : **5 min**

Facile

- **60 g de roquette**
- **60 g de pourpier**
- **1/2 bouquet de menthe**
- **1/2 bouquet de cerfeuil**
- **1/2 bouquet de persil plat**
- **1/2 bouquet d'aneth**
- **6 œufs de caille**
- **12 tomates cerises**
- **2 cuillerées à soupe de pignons**
- **4 à 5 cl de jus de pomme**
- **1 cuillerée à soupe de vinaigre de cidre**
- **4 à 5 cl d'huile de noisette**
- **1 paquet de magret de canard séché et tranché**
- **80 g de parmesan en copeaux**
- **Sel, poivre**

♥ Équeutez toutes les herbes en laissant 2 cm de tige, puis lavez-les. Faites cuire les œufs de caille pendant 5 minutes à l'eau bouillante. Refroidissez et écalez-les. Rincez et essuyez les tomates. Dans une poêle antiadhésive, faites dorer les pignons pendant 1 minute. Réservez.

♥ Dans un saladier, mélangez le sel, le poivre, le jus de pomme, le vinaigre de cidre et l'huile de noisette. Au moment de servir, fouettez cette sauce pour bien l'émulsionner. Mettez l'ensemble des herbes dans la sauce et mélangez.

♥ Répartissez les herbes sur les assiettes et disposez dessus le magret, les tomates cerises et les œufs de caille coupés en deux. Parsemez de pignons et de parmesan. Servez aussitôt.

« Envers les amourettes
L'amour a bien des dettes
Elles sont à la naissance
De curieuses licences. »

JEAN DE LA FONTAINE

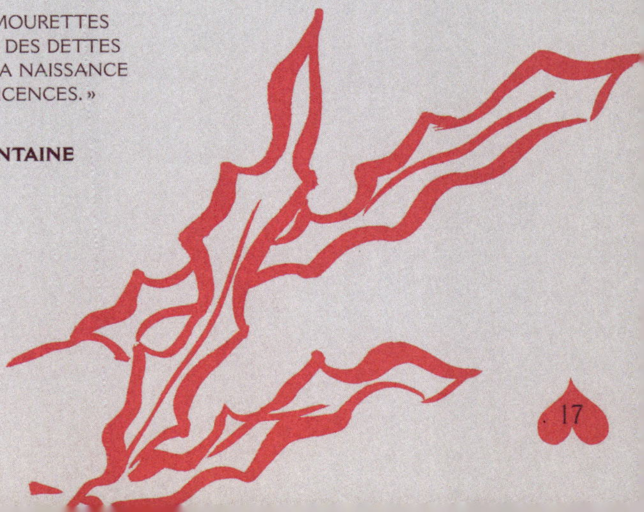

Si vous préparez cette entrée à l'avance, incorporez la coriandre au dernier moment.

SOUPE AU LAIT DE COCO ET À LA CORIANDRE

Préparation : **30 min**

Cuisson : **25 min**

Moyen

1/2 cube de bouillon de volaille

200 g de blancs de poulet

2 feuilles de citronnier

1 tige de citronnelle fraîche

2 lamelles de racine de galanga

1 boîte de lait de coco (400 g)

100 g de champignons de Paris

1/2 bouquet de coriandre

1 cuillerée à café de pâte de crevettes pimentée

2 cuillerées à soupe de nuoc-mâm

Tabasco

2 cuillerées à soupe de jus de citron vert

Sel, poivre

♥ Portez à ébullition 50 cl d'eau avec le demi-cube de bouillon de volaille. Coupez les blancs de poulet en quatre morceaux égaux, faites-les pocher 8 minutes dans le bouillon. Quand ils sont cuits, retirez-les du bouillon et réservez-les, ainsi que le bouillon.

♥ Lavez les feuilles de citronnier et déchirez-les en deux. Retirez la première enveloppe de la tige de citronnelle. Gardez un morceau de 10 cm en partant de la racine blanche. Écrasez cette racine pour que l'arôme s'en dégage.

♥ Coupez le galanga en rondelles de 5 cm d'épaisseur. Portez le lait de coco à ébullition, ajoutez-y la racine de citronnelle, les feuilles de citronnier, le galanga et laissez frémir sur feu moyen pendant 15 minutes.

♥ Pendant ce temps, coupez les champignons en petits morceaux et les blancs de poulet en lamelles très fines. Hachez quelques feuilles de coriandre et réservez les autres pour la décoration. Retirez les tiges infusées du lait de coco.

♥ Versez le bouillon dans le lait de coco, ajoutez la pâte de crevettes. Mélangez et portez de nouveau à frémissement. Salez et poivrez.

♥ Ajoutez les lamelles de poulet, les champignons, la sauce nuoc-mâm, 4 gouttes de Tabasco et le jus de citron vert. Mélangez et ôtez du feu. Servez dans deux grands bols, décorez avec les feuilles de coriandre hachées et entières.

Ce mariage
se prépare à l'avance.

Duo
aux deux caviars

Préparation : **15 min**

Cuisson : **30 min**

Facile

2 petites aubergines
1/2 verre d'huile d'olive
1 citron
1/2 cuillerée à café de paprika fort
60 g de caviar à gros grains
Sel, poivre

♥ Préchauffez votre four à 200 °C (thermostat 7).

♥ Ôtez le pédoncule des aubergines et, sans les éplucher, coupez-les en deux dans le sens de la longueur. Quadrillez la chair avec la pointe d'un couteau et badigeonnez-la d'huile d'olive et de sel.

♥ Placez les moitiés d'aubergines côté chair vers le haut, à mi-hauteur sur la grille du four. (Si vous avez la chance d'avoir une cheminée, faites-les cuire entières sur les braises recouvertes de cendre. Retournez-les de temps en temps et retirez-les lorsque leur peau est toute ridée.)

♥ Faites cuire au four pendant environ 30 minutes jusqu'à ce que les aubergines soient molles au toucher. La cuisson terminée, sortez les aubergines du four et laissez-les tiédir. Pelez-les en tirant simplement la peau vers vous et évidez-les de leurs graines.

♥ Mixez la pulpe d'aubergines en ajoutant peu à peu l'huile d'olive. Salez et poivrez. Arrosez du jus de citron et relevez avec le paprika. Réservez au réfrigérateur. Au moment de servir, incorporez délicatement le caviar.

Cette recette se prépare au moins 4 heures à l'avance.

Velouté du **Vert-Galant**

Préparation : **20 min**

Cuisson : **10 min**

Moyen

- 25 cl de bouillon de volaille
- 75 g d'épinards hachés surgelés
- 15 g de beurre
- 10 g de farine
- 25 cl de lait
- 10 cl de crème fraîche
- 1 avocat mûr
- 1/2 citron
- 1 petit concombre
- Tabasco
- Angostura
- Sel, poivre

♥ Préparez le bouillon de volaille en suivant les indications portées sur le paquet. Incorporez les épinards, laissez décongeler.

♥ Dans une casserole, faites un roux blanc. Mettez le beurre à fondre sur feu doux, ajoutez la farine et remuez avec une cuillère en bois. Dès que le mélange se colore très légèrement, versez le lait d'un seul coup et fouettez énergiquement pour éviter les grumeaux. Salez et poivrez. Incorporez le bouillon.

♥ Portez la préparation à ébullition, baissez le feu et laissez frémir 10 minutes tout en remuant. Éteignez le feu, incorporez la crème fraîche dans la préparation et laissez refroidir. Récupérez la chair des avocats, réduisez-la en purée avec le jus de citron. Incorporez-la au potage refroidi.

♥ Pelez le concombre. Coupez-le en quatre dans le sens de la longueur, retirez les graines et tranchez le reste en fines lamelles. Incorporez-les au velouté. Réservez le tout au réfrigérateur au moins 4 heures avant de servir.

♥ Au moment de déguster, ajoutez quelques gouttes de Tabasco et d'angostura. Posez les deux bouteilles sur la table au cas où votre invité(e) souhaiterait pimenter davantage son velouté.

CETTE RECETTE
SE PRÉPARE AU MOINS
2 HEURES À L'AVANCE.

CONSOMMÉ FROID **DE ROQUETTE**

Préparation : **20 min**

Cuisson : **5 à 6 min**

Moyen

35 cl de bouillon de volaille
150 g de roquette
1 bouquet de ciboulette
5 brins de persil plat
5 brins de coriandre
4 oignons blancs nouveaux (avec leur vert)
1 cuillerée à soupe d'huile d'olive
10 g de fécule de maïs
10 cl de crème fleurette
1 œuf
Piment d'Espelette en poudre
Sel, poivre

♥ Préparez le bouillon de volaille en suivant les indications portées sur le paquet. Réservez-le au chaud. Lavez et essorez la roquette en l'équeutant si vous trouvez de trop grosses tiges. Réservez-en une petite poignée. Lavez les herbes aromatiques et séchez-les.

♥ Émincez les oignons avec leur vert. Dans une casserole, faites chauffer l'huile d'olive et faites-y revenir les oignons. Dès qu'ils commencent à fondre, ajoutez la roquette et la moitié du bouillon. Portez à ébullition et ajoutez la fécule de maïs préalablement délayée dans 1 cuillerée à soupe d'eau froide. Baissez le feu et laissez frémir pendant 2 à 3 minutes.

♥ Mixez la préparation, ajoutez le reste du bouillon et remettez à frémir pendant 2 minutes sans laisser bouillir. Retirez du feu. Hachez finement la roquette réservée, le persil et la coriandre. Ajoutez-les, puis incorporez la crème fleurette. Salez et poivrez. Pimentez à votre goût.

♥ Laissez refroidir et réservez au réfrigérateur pendant au moins 2 heures. Pendant ce temps, faites durcir l'œuf, hachez le jaune avec la moitié du blanc, ciselez la ciboulette, mélangez le tout en assaisonnant. Au moment de passer à table, servez le consommé dans les assiettes et parsemez d'œuf mimosa.

APPELÉE AUSSI « HERBE AMOURETTE », LA ROQUETTE FUT INTERDITE AUX MOINES COMME BEAUCOUP D'AUTRES PLANTES ET HERBES DITES APHRODISIAQUES.

Cette entrée se prépare 2 heures à l'avance.

VELOUTÉ GLACÉ
À L'AVOCAT

Préparation : **5 min**

Facile

2 avocats

25 cl de bouillon de volaille (c'est meilleur si on le fait soi-même avec des ailes de poulet. À défaut, prenez un cube de bouillon de volaille)

10 cl de crème fraîche

1 cuillerée à café de basilic haché

1 cuillerée à café d'estragon haché

Tabasco

1/2 baguette de pain

Sel, poivre

♥ Prélevez la chair des avocats. Passez-la au mixeur avec le bouillon, la crème fraîche, le basilic, l'estragon et quelques gouttes de Tabasco. Salez et poivrez. Goûtez et rectifiez l'assaisonnement : le consommé doit être assez relevé.

♥ Réservez au réfrigérateur pendant au moins 2 heures. Servez très froid dans des grandes coupes avec de fines tranches de pain grillé à part.

Cette délicieuse entrée peut se préparer à l'avance.

DÉSHABILLÉ DE COURGETTES AU BASILIC

Préparation : **5 min**

Facile

2 courgettes (20 cm de long)

1 bouquet de basilic

Fleur de sel au basilic

1 cuillerée à soupe d'huile d'olive

1 cuillerée à café de vinaigre balsamique

Sel, poivre

♥ Lavez les courgettes. Râpez-les à la moulinette à légumes (grille moyenne) sans les peler. Hachez les feuilles de basilic.

♥ Mélangez le tout et assaisonnez avec la fleur de sel, le poivre, l'huile d'olive. Parfumez au vinaigre balsamique. Mélangez à nouveau et servez.

« La femme est comme un fruit qui ne laisse échapper sa suavité que si tu le frottes entre tes mains.
Vois le basilic : si tu ne l'échauffes pas avec tes doigts, il ne laissera point exhaler ses parfums. »

MOHAMMED EL NEFZAOUI
LE JARDIN PARFUMÉ

CETTE RECETTE SE PRÉPARE À L'AVANCE. INCORPOREZ LA CRÈME FLEURETTE, LA FLEUR D'ORANGER ET LE JUS D'ORANGE UNE DIZAINE DE MINUTES AVANT DE SERVIR.

VELOUTÉ DE CAROTTES **AU CAVIAR ET FLEUR D'ORANGER**

Préparation : **10 min**

Cuisson : **45 min**

Difficile

250 g de carottes nouvelles
15 g de beurre
12,5 cl d'eau
Jus de 1 orange
20 cl de crème fleurette
2 gouttes de fleur d'oranger
20 g de caviar osciètre
1 pincée de gros sel gris

♥ Pelez les carottes et coupez-les en rondelles. Dans une casserole, faites fondre le beurre et ajoutez les carottes. Faites-les revenir sur feu doux pendant quelques minutes, puis versez l'eau et la moitié du jus de l'orange.

♥ Couvrez et laissez cuire sur feu très doux pendant 30 minutes jusqu'à ce que les carottes soient tendres. Mixez-les et ajoutez la moitié de la crème fleurette, la fleur d'oranger et le reste de jus d'orange. Mélangez. Salez et rectifiez l'assaisonnement si nécessaire. Laissez mijoter sur feu doux pendant environ 10 minutes.

♥ Pendant ce temps, montez le reste de la crème fleurette en chantilly. Servez le potage dans des assiettes creuses en plaçant au centre 1 cuillerée à soupe de crème chantilly, puis le caviar.

HÉLIETTE DE VIVONNE
LE LUTH

POUR LE PLUS DOUX ESBAT QUE JE PUISSE CHOISIR,
SOUVENT, APRÈS DÎNER, CRAIGNANT QU'IL NE M'ENNUYE,
JE PRENDS LE MANCHE EN MAIN, JE LE TASTE ET MANIE,
TANT QU'IL SOIT EN ESTAT DE ME DONNER PLAISIR.

SUR MON LICT JE ME JETTE, ET SANS M'EN DESSAISIR,
JE L'ESTRAINS DE MES BRAS ET SUR MOY JE L'APUYE,
ET, REMUANT BIEN FORT, D'AISE TOUTE RAVIE,
ENTRE MILLE DOUCEURS J'ACCOMPLIS MON DÉSIR.

S'IL AVIENT, PAR MALHEUR, QUELQUEFOIS QU'IL SE LASCHE,
DE LA MAIN JE LE DRESSE, ET, DERECHEF, JE TASCHE
AU JOUIR DU PLAISIR D'UN SI DOUX MANIMENT.

AINSI, MON BIEN AYMÉ, TANT QUE LE NERF LUI TIRE,
ME CONTEMPLE ET ME PLAIST, PUIS DE LUY, DOUCEMENT,
LASSE ET NON ASSOUVIE EN FIN JE ME RETIRE.

Cette recette se prépare à l'avance.

CARPACCIO DE THON AU GINGEMBRE

Congélation : **10 min**

Préparation : **10 min**

Facile

- 250 g de thon rouge bien frais
- 2 cuillerées à café de gingembre frais
- 2 cuillerées à soupe d'huile d'olive
- 1 cuillerée à soupe de vinaigre blanc
- 1 cuillerée à soupe de jus de citron
- 1 brin d'aneth
- Sel

♥ Placez le thon au congélateur environ 10 minutes pour le durcir afin de faciliter la découpe.

♥ Pendant ce temps, pelez le gingembre et hachez-le. Sortez le poisson du congélateur et émincez-le en tranches fines dans l'épaisseur. Disposez les tranches sur deux assiettes.

♥ Faites une vinaigrette avec l'huile d'olive, le vinaigre, le jus de citron. Salez. Nappez le carpaccio de sauce. Parsemez de gingembre haché et d'aneth. Réservez au réfrigérateur et servez frais.

Cette délicieuse entrée se prépare à la dernière minute.

EFFEUILLÉE DE FENOUIL À LA CRÈME D'ANCHOIS

Préparation : **15 min**

Facile

- 12 filets d'anchois au sel
- 20 cl de lait
- 1 petit bulbe de fenouil
- 1 gousse d'ail
- 1 cuillerée à café de thym frais (ou sarriette)
- 4 cuillerées à soupe de crème fraîche allégé
- 1 cuillerée à soupe de jus de citron
- Sel, poivre

♥ Rincez les filets d'anchois sous l'eau, puis faites-les dessaler dans le lait. Lavez et séchez le bulbe de fenouil. Émincez-le très finement (vous pouvez utiliser un robot). Égouttez les filets d'anchois sur un papier absorbant.

♥ Mixez ensemble les anchois et l'ail, ajoutez le thym (ou la sarriette), la crème fraîche, le jus de citron. Salez légèrement et poivrez. Mélangez à nouveau.

♥ Dans des assiettes de service, posez une tranche de fenouil et couvrez avec 1 cuillerée à café de crème d'anchois. Continuez ainsi en faisant se chevaucher légèrement les tranches de fenouil.

♥ Vous pouvez accompagner cette recette d'une petite salade d'herbes fraîches (ou folles !) et de tartines de pain de campagne grillées, frottées à l'ail et arrosées d'un filet d'huile d'olive.

Cette recette
se prépare
à la dernière minute.

POÊLÉE DE MOULES AU GINGEMBRE ET ÉCORCES D'ORANGE CONFITES

Préparation : **20 min**

Cuisson : **5 min**

Facile

1 cuillerée à soupe de gingembre

1 cuillerée à soupe d'écorces d'orange confites

1 litre de moules

30 g de beurre doux

1/2 citron

♥ Hachez séparément le gingembre et les écorces d'orange confites. Réservez-les. Lavez les moules et mettez-les dans une grande casserole sur feu très vif. Faites-les cuire jusqu'à ce qu'elles s'ouvrent.

♥ Ôtez la casserole du feu et sortez les moules de leur coquille. Réservez-les au chaud. Filtrez le jus de cuisson et gardez-le également au chaud.

♥ Faites fondre le beurre dans une poêle. Dès qu'il commence à devenir noisette, mettez le gingembre haché et les moules. Faites-les dorer 15 à 20 secondes. Disposez les moules dans les assiettes.

♥ Dans un bol, mélangez 3 cuillerées à soupe de jus de cuisson des moules, le jus de citron, le gingembre et les écorces d'orange confites. Versez sur les moules. Servez aussitôt.

Dans l'Antiquité, les prêtresses
du temple de Bacchus entraient en transe
en absorbant du vin de gingembre.

Le gingembre s'utilise aussi bien frais que confit (ou en poudre).
Pour confire votre gingembre :
Pelez 10 cm de racine de gingembre et détaillez en bâtonnets.
Portez à ébullition 2,5 cl d'eau, ajoutez 1 kg de sucre, puis
plongez-y le gingembre. Laissez cuire 15 minutes à feu doux.
retirez du feu et laissez refroidir sur du papier sulfurisé.
Vous pouvez conserver le gingembre confit dans une boîte en
métal hermétique.

PRÉPAREZ CETTE ENTRÉE À L'AVANCE ET COMPTEZ 2 HEURES DE RÉFRIGÉRATION.

SALADE LIBANAISE **AUX CROQUETTES DE CHÈVRE**

Préparation : **20 min**

Cuisson : **30 min**

Réfrigération : **2 h**

Facile

- 2 petits oignons blancs
- 1/2 bouquet de persil plat
- 4 brins de menthe
- 2 brins de coriandre
- 80 g de boulghour
- 3 cuillerées à soupe d'huile d'olive
- Jus de 1/2 citron
- 50 g de graines de sésame blond
- 1/2 chèvre long ou 1 chèvre en pyramide
- 10 radis
- Sel, poivre

♥ Épluchez les oignons, puis émincez-les. Lavez le persil, la menthe et la coriandre, séchez-les et ciselez-les. Réservez.

♥ Faites cuire le boulghour pendant 10 minutes à l'eau bouillante salée. Hors du feu, laissez gonfler les grains 10 minutes, puis égouttez. Laissez refroidir. Versez le boulghour dans un saladier et détachez les grains à la fourchette.

♥ Ajoutez l'huile d'olive, le jus de citron, les oignons émincés et la moitié des herbes ciselées. Salez et poivrez. Mélangez, couvrez et réservez au réfrigérateur pendant 2 heures.

♥ Pendant ce temps, faites dorer les graines de sésame dans une poêle antiadhésive sans matières grasses sur feu moyen. Coupez le chèvre en bouchées. Mettez le sésame sur une assiette et roulez les bouchées de fromage dedans.

♥ Taillez les radis en rondelles, puis incorporez-les au boulghour. Répartissez le mélange dans les assiettes, disposez les croquettes de chèvre dessus et parsemez de brins d'herbes. Servez aussitôt.

Il faut préparer cette recette de Dominique 24 à 48 heures à l'avance.

SAUMON MARINÉ À L'ANETH

Préparation : **15 min**
Macération : **24 h**

Facile

- 1 filet de saumon épais de 500 g sans la peau
- 3 cuillerées à soupe de sucre en poudre
- 2 cuillerées à soupe de sel
- 1 cuillerée à soupe de poivre blanc
- 2 bouquets d'aneth ciselé
- 1 cuillerée à soupe de moutarde à condiment (type Savora)
- 1 cuillerée à soupe de moutarde forte
- 1 citron

♥ Déposez le filet de saumon sur une grande feuille de papier aluminium. Dans un bol, mélangez 2 cuillerées à soupe de sucre en poudre, le sel, le poivre blanc et un bouquet et demi d'aneth.

♥ Saupoudrez le saumon avec ce mélange. Fermez la feuille d'aluminium en papillote et laissez macérer 24 heures hors du réfrigérateur.

♥ Au moment de servir, préparez la sauce : mélangez la moutarde à condiment, la moutarde forte, 1 cuillerée à soupe de sucre en poudre et la moitié du reste de l'aneth ciselé sans les queues.

♥ Sortez votre saumon de la marinade, rincez-le rapidement sous l'eau et épongez-le.

♥ Pressez le citron. Arrosez le saumon avec le jus. Mettez-le sur un plat de service. Parsemez du reste d'aneth ciselé et servez avec la sauce présentée dans une saucière.

Cette recette proposée par Catherine se prépare 12 heures à l'avance

TERRINE DE FOIE GRAS **AU PIMENT D'ESPELETTE**

Préparation : **15 à 30 min**

Moyen

1 petit foie gras frais

Piment d'Espelette en poudre

Gaze

Gros sel

♥ Séparez les deux lobes du foie gras. Dénervez-les très délicatement. Enrobez-les entièrement de piment d'Espelette. Roulez-les dans la gaze.

♥ Préparez une terrine en couvrant le fond de gros sel. Déposez votre foie gras dans la terrine. Recouvrez à nouveau de gros sel. Couvrez hermétiquement et réservez au réfrigérateur pendant 24 heures.

♥ Au moment de servir, retirez le sel et ôtez le foie gras de sa gaze. Mettez-le sur un plat de service. Servez avec des toasts de pain de mie grillés et une petite salade de jeunes pousses.

♥ Dégustez avec un sauternes (château-d'yquem si vous en avez les moyens !).

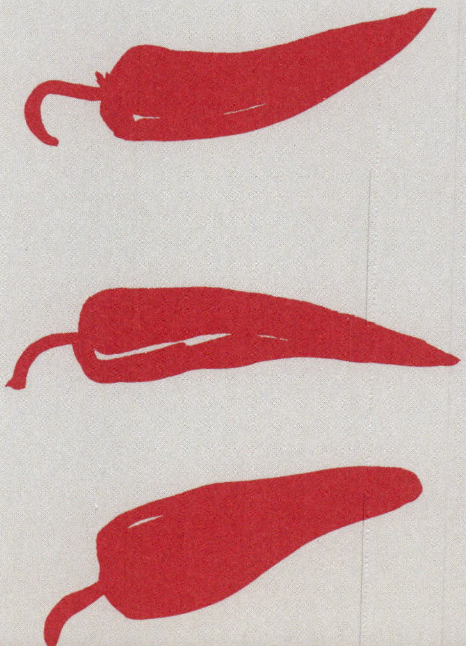

Cette délicieuse poêlée se prépare à la dernière minute.

CREVETTES SAUTÉES
À LA SAUCE TARTARE

Préparation : **10 min**

Cuisson : **3 min**

Facile

- **1 œuf**
- **1 bouquet de ciboulette**
- **1 oignon**
- **Huile de tournesol**
- **12 crevettes roses sauvages**
- **1 gousse d'ail**
- **Piment frais (à volonté !)**
- **2 cuillerées à soupe huile d'olive**
- **Sel, poivre**

♥ Faites durcir l'œuf pendant 10 minutes. Lavez la ciboulette et ciselez-la finement. Épluchez l'oignon et hachez-le finement.

♥ Préparez la sauce tartare. Dans un bol, émiettez le jaune d'œuf dur et émulsionnez-le avec l'huile de tournesol jusqu'à ce que votre mayonnaise ait une consistance ferme. Ajoutez l'oignon et la ciboulette ciselée. Salez et poivrez.

♥ Ôtez la tête des crevettes, puis décortiquez-les en laissant la queue. Fendez-les le long du dos et châtrez-les en leur ôtant le petit boyau noir (ainsi elles ne réduiront pas à la cuisson). Épluchez l'ail, hachez-le ainsi que le piment frais.

♥ Dans une poêle, faites chauffer l'huile d'olive et mettez les crevettes à revenir pendant 3 minutes sur feu vif, avec l'ail et le piment. Dressez sur un plat de service et servez aussitôt avec la sauce tartare.

Cette entrée proposée par Fadia peut se servir en apéritif. Préparez-la à la dernière minute

CAVIAR ARMÉNIEN
ET SON CHAMPAGNE

Préparation : **5 min**

Facile

2 gousses d'ail

1 petit bâton de boutargue

1 cuillerée à soupe d'huile de noix

1 poignée de pignons

♥ Épluchez l'ail et tranchez-le en lamelles très fines.

♥ Ôtez la cire et la peau autour de la boutargue. Coupez-la en tranches de 1 cm. Disposez les rondelles de boutargue dans un plat.

♥ Posez les lamelles d'ail par-dessus, arrosez d'huile de noix et parsemez de pignons.

♥ Servez impérativement avec deux coupes de champagne.

« Avant de la boire, respire, ô vierge,
ce vin enjôleur.
Tu ris ?... C'est l'amour qu'on aspire
dans son parfum de vigne en fleurs.»

AMAURY DE CAZANOVE

« Nuit de Juin ! Dix-sept ans !
On se laisse grise.
La sève est du champagne
et vous monte à la tête.
On divague ;
on se sent aux lèvres un baiser
Qui palpite là, comme une petite bête. »

ARTHUR RIMBAUD

Déshabillez
les huîtres
à la dernière minute.

HUÎTRES EN SALADE

Préparation : **5 min**
(si vous avez fait ouvrir les huîtres par le poissonnier)

Facile

1 douzaine d'huîtres
100 g de filet de saumon cru
1/4 de concombre
1 citron jaune
2 cuillerées à soupe de mayonnaise
Quelques brins d'aneth
Sel, poivre du moulin

♥ Ouvrez les huîtres, ôtez délicatement la chair des coquilles. Laissez les huîtres s'égoutter puis, coupez le saumon en petits dés.

♥ Lavez le concombre, épépinez-le et coupez-le en petits dés. Coupez le citron en rondelles, enlevez le zeste et la peau, puis détaillez la chair en petits morceaux. Coupez les huîtres en quatre.

♥ Rassemblez ces ingrédients dans un saladier. Incorporez la mayonnaise. Salez et poivrez. Mélangez. Décorez avec les brins d'aneth. Servez frais.

♥ Dégustez avec un muscadet-sur-lie.

BRIGITTE EGGER
POÈME (extrait)

Ô pèlerin de mon chemin,
En ta chair je deviens festin,
Libre et fière, je me veux esclave !
Subjugué, tu cèdes à ma prise…

Pétrisseur de mon levain…
Ouvre-moi comme une huître!
Chair pourfendue, je suis blessure…

Je bois à votre source généreuse…
Sous ma langue savante
Succulentes larmes vous glissez…

Apaise ma bouche vorace.
Répands en moi ton doux nectar…
Je peuplerai tous les déserts!

Ma voluptueuse te réclame !
Toujours ouverte au savoureur…

La fleur sans remords s'enracine à la tige…

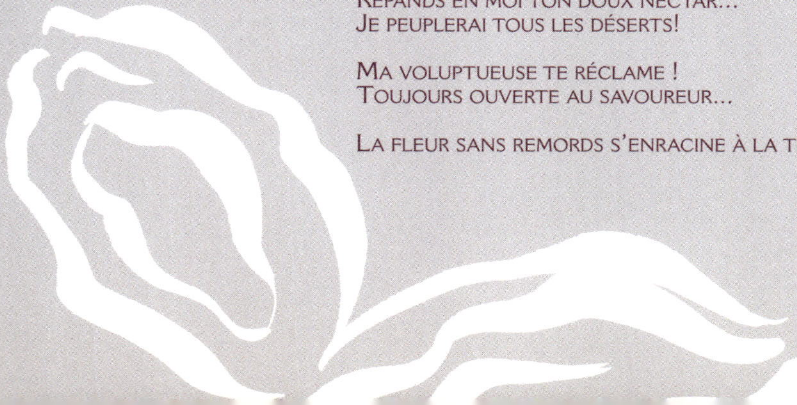

Cette recette se prépare le jour même.

POTAGE DE POTIRON À LA VANILLE

Préparation : **15 min**

Cuisson : **30 min**

Facile

- 1/2 oignon
- 10 g de racine de gingembre
- 150 g de chair de potiron bien mûr
- 25 g de beurre
- 1/2 carotte
- 50 cl de bouillon de volaille
- 10 g de sucre en poudre
- 1 gousse de vanille
- 25 cl de lait
- 1 cuillère à soupe de crème fraîche
- Sel, poivre du moulin

♥ Épluchez l'oignon et pelez la carotte. Détaillez-les en julienne (fin bâtonnets), puis en petits dés. Pelez le gingembre et émincez-le très finement. Épépinez le potiron et prélevez la chair à la cuillère. Coupez-la en dés.

♥ Dans une casserole, faites fondre le beurre sur feu très doux, ajoutez la carotte et l'oignon. Laissez cuire pendant 10 minutes. Salez, puis ajoutez le potiron. Poursuivez la cuisson pendant 10 minutes en remuant régulièrement avec une spatule en bois jusqu'à l'obtention d'une compote.

♥ Pendant ce temps, préparez le bouillon de volaille en suivant les indications portées sur le paquet. Quand la compote est prête, versez-y le bouillon. Ajoutez le sucre en poudre. Salez et poivrez. Laissez cuire sur feu doux pendant 10 minutes. Mixez la préparation et passez-la au chinois. Réservez au chaud.

♥ Fendez la gousse de vanille dans le sens de la longueur, grattez les petites graines. Réservez. Dans une casserole, faites bouillir le lait. Ôtez-le du feu dès qu'il monte, ajoutez le gingembre émincé et la gousse de vanille avec ses graines. Couvrez et laissez infuser pendant 5 minutes. Passez le lait au chinois et ajoutez-le à la soupe de potiron. Incorporez la crème fraîche et mélangez. Servez chaud.

♥ Servez avec un gamay bien frais ou un jurançon sec.

La vanille est une orchidée.

Louis XIV décida de créer des plantations de vanille à l'île Bourbon. Colbert dépêcha en Guyane le père Jean-Baptiste, un jésuite féru de sciences naturelles qui, n'y connaissant rien, rapporta de la vanille « inodora » de La Réunion.
Colbert, furieux, décréta que c'était une erreur de confier une affaire d'aphrodisiaques à un homme de Dieu!

Vous pouvez préparer cette recette en deux temps en réalisant le court-bouillon à l'avance.

SOUPE DE POISSON **AUX HUÎTRES**

Préparation : **30 min**

Cuisson : **1 h**

Difficile

1 rascasse (ou un autre poisson de roche de la même taille)

32 huîtres

30 g de beurre

30 g de farine

4 filets d'anchois au sel de mer

1 pincée de poivre de Cayenne

Jus de 1 citron

♥ Faites bouillir la rascasse sur feu doux pendant 40 minutes dans 1,5 litre d'eau, pour obtenir 1 litre de court-bouillon.

♥ Ouvrez les huîtres, ôtez-les de leur coquille et disposez-les avec toute leur eau dans une casserole. Placez la casserole sur le feu et portez à ébullition. Retirez les huîtres avec une écumoire sans jeter leur jus.

♥ Passez le court-bouillon au chinois en pressant le poisson pour en exprimer toute la saveur. Incorporez le jus des huîtres.

♥ Dans une casserole, préparez un roux brun. Faites fondre le beurre dans une casserole, versez la farine en pluie et mélangez sur feu doux jusqu'à ce que le fond brunisse. Ajoutez les filets d'anchois coupés en morceaux et le poivre.

♥ Petit à petit, ajoutez le bouillon tout en continuant de tourner pour éviter les grumeaux et laissez bouillir à petit bouillon pendant 3 à 4 minutes.

♥ Au dernier moment, rapidement et dans l'ordre : éteignez le feu, ajoutez les huîtres, versez le jus du citron. Servez aussitôt.

Alexandre Dumas, fin cuisinier, disait des huîtres : « Notre bouche aussi bien les gobe, ces huîtres, qu'un moderne en us nommait "oreilles de Vénus" pour leur qualité excitante... »

Préparez la pâte à l'avance. Vous ferez frire les beignets à la dernière minute.

ASPERGES EN BEIGNETS AU COULIS DE POIVRONS ROUGES

Préparation : **30 min**

Cuisson : **25 min**

Repos de la pâte : **30 min**

Difficile

2 petits poivrons rouges

2 gousses d'ail

10 cl d'huile d'olive

Jus de 1 citron

300 g de pointes d'asperges vertes

Huile de tournesol

Sel, poivre

Pour la pâte à beignets :

1 œuf

7 cl de bière

5 cl de lait

75 g de farine

♥ Préparez la pâte à beignets. Cassez l'œuf en séparant le jaune du blanc. Mettez le jaune dans le bol du mixeur avec la bière, le lait et la farine. Mixez et versez dans un saladier. Couvrez et laissez reposer la pâte pendant 30 minutes à température ambiante.

♥ Lavez les poivrons et essuyez-les. Coupez-les en deux, ôtez le pédoncule et épépinez-les. Détaillez-les en fines lanières. Épluchez les gousses d'ail, coupez-les en deux et enlevez le germe si ce n'est pas de l'ail nouveau.

♥ Dans une poêle, faites chauffer 5 cl d'huile d'olive et mettez les poivrons à fondre avec l'ail pendant 15 minutes sur feu très doux. Surveillez la cuisson en mélangeant.

♥ Ôtez du feu, mixez et passez au chinois pour obtenir un coulis. Remettez ce coulis dans le mixeur, versez 5 cl d'huile d'olive et le jus de citron. Salez et poivrez. Mixez. Réservez.

♥ Faites bouillir de l'eau salée et faites-y cuire les pointes d'asperges pendant 2 à 3 minutes. Égouttez-les et épongez-les délicatement.

♥ Dans une poêle, faites chauffer de l'huile de tournesol. Plongez les pointes d'asperges une à une dans la pâte de manière à obtenir des beignets. Faites-les frire dans l'huile chaude jusqu'à ce qu'ils soient dorés et croustillants.

♥ Égouttez les beignets sur un papier absorbant. Salez et poivrez. Nappez les assiettes de votre coulis de poivrons rouges et posez les beignets d'asperges par-dessus. Servez aussitôt.

Cette recette se prépare à l'avance.

VARIATION DE LÉGUMES À LA VINAIGRETTE PARFUMÉE

Préparation : **15 min**

Cuisson : **cela dépend de l'appareil à vapeur utilisé. Si vous n'avez pas de cuit-vapeur, vous pouvez utiliser le panier de la cocotte-minute sans qu'il touche l'eau, à découvert.**

Facile

4 petits navets nouveaux (avec leurs fanes)

4 carottes nouvelles (avec leurs fanes)

50 g de pois gourmands

4 courgettes nouvelles

6 pointes d'asperges vertes

125 g de fèves fraîches

4 petits artichauts poivrades

1/2 citron

1 bouquet de basilic

Quelques feuilles d'estragon

2 cuillerées à soupe d'huile d'olive

1 cuillerée à soupe de vinaigre balsamique

Sel, poivre

♥ Pelez les navets et les carottes en laissant 2 cm de fanes. Effilez les pois gourmands. Lavez les courgettes. Rincez les asperges et essuyez-les. Coupez les pointes sur 3 cm.

♥ Faites bouillir de l'eau, écossez les fèves et ébouillantez-les pendant 1 minute. Égouttez-les et passez-les sous l'eau froide immédiatement. Retirez la petite peau verte.

♥ Cassez la tige des artichauts au ras du cœur. Éliminez les premières feuilles pour ne garder que les tendres. Rincez-les et coupez-les en quatre. Frottez-les avec le citron pour qu'ils ne noircissent pas.

♥ Mettez l'appareil à vapeur en marche. Posez les artichauts, les navets et les carottes sur la partie perforée. Après 8 minutes de cuisson, ajoutez les pois gourmands.

♥ Laissez cuire encore 5 minutes, puis ajoutez les courgettes, les asperges et les fèves. Poursuivez la cuisson pendant 3 minutes. Les temps de cuisson varient selon votre appareil. Surveillez bien la cuisson : vos légumes doivent rester croquants sans être crus.

♥ Lavez le bouquet de basilic, séparez les feuilles, séchez-les et hachez-les avec les feuilles d'estragon préalablement lavées. Dans un bol, émulsionnez à la fourchette l'huile d'olive et le vinaigre. Salez et poivrez. Ajoutez les herbes. Réservez.

♥ Au moment de servir, coupez les courgettes en fines rondelles. Répartissez joliment vos légumes dans les assiettes, la petite queue des carottes et des navets en l'air. Arrosez de vinaigrette.

Préparez cette entrée en deux temps.

DÔME DE SAUMON FUMÉ LOVÉ SUR SA COURGETTE

Préparation : **30 min**

Cuisson : **5 min**

Réfrigération : **2 h**

Moyen

- 1 belle échalote
- 1 bouquet de coriandre
- 1 bouquet de cerfeuil
- 300 g de saumon fumé
- 10 cl de crème fleurette
- 1 courgette (300 g)
- Huile de pépins de raisin
- Pain de campagne
- Sel, poivre

♥ Épluchez l'échalote et hachez-la. Rincez les bouquets de coriandre et de cerfeuil et séchez-les. Récupérez les feuilles et hachez-les séparément.

♥ Émincez les tranches de saumon fumé en fines lanières. Mélangez l'émincé de saumon, la coriandre et l'échalote hachées. Mettez chaque moitié du mélange dans deux ramequins et placez-les au réfrigérateur pendant 2 heures. Mixez un tiers du cerfeuil haché avec la crème fleurette. Salez et poivrez. Réservez au réfrigérateur.

♥ Au bout de 2 heures, lavez la courgette et émincez-la en rondelles fines. Dans une poêle, faites chauffer un peu d'huile et faites-y saisir les rondelles pendant 2 minutes environ en les retournant. Salez et poivrez. Ajoutez le reste du cerfeuil et mélangez rapidement.

♥ Sur chaque assiette, disposez les rondelles de courgette en rond, et démoulez dessus un dôme de saumon. Entourez d'un cordon de sauce à la crème. Servez avec du pain de campagne grillé.

Les poissons disposent à l'amour, car de la mer, dit-on, Vénus naquit un jour...

À propos de la coriandre, Du Four de la Crespélière écrivait : « L'on tient que la coriandre rend plus paillards Les jeunes gens et les vieillards. »

Préparez cette recette à l'avance.

CARPACCIO DE HADDOCK AUX POIRES ET À L'AIL ROSE

Préparation : **30 min**

Cuisson : **2 min**

Facile

- 200 g de filets de haddock
- 300 g de petites fèves
- 2 poires bien fermes
- 2 gousses d'ail rose
- Jus de 1 citron
- 1 cuillerée à café de graines de coriandre
- 2 cuillerées à soupe d'huile d'olive
- 2 cuillerées à café de vinaigre de vin blanc
- Poivre du moulin

♥ Demandez à votre poissonnier de retirer la peau des filets de haddock. Écossez les fèves et retirez la petite peau verte. Pelez les poires, détaillez-les finement et disposez-les en rosace autour de deux assiettes.

♥ Épluchez et dégermez les gousses d'ail. Pressez-les au presse-ail. Mélangez avec le jus de citron, puis arrosez les poires avec ce mélange.

♥ Dans une poêle, faites chauffer sans matières grasses les graines de coriandre pendant 2 minutes sur feu très vif. Écrasez-les ensuite dans un mortier.

♥ Coupez les filets de haddock en fines lamelles et disposez-les au centre des poires en rosace. Parsemez les assiettes de fèves et de graines de coriandre écrasées, arrosez d'huile d'olive et de vinaigre de vin blanc. Poivrez.

♥ Servez avec un saumur ou un quincy blancs.

Dans *Les Grenouilles* d'Aristophane, Hercule ingurgite une énorme portion de bouillon de fèves. Grâce à cela, le demi-dieu déflore cinquante vierges en une nuit !

D'après le *Talmud*, les gousses d'ail sont capables de rassasier et réchauffer le corps, donner de l'éclat au visage, augmenter la production de sperme…

Les plats des amants

Quelle épice as-tu donc mangée
Pour être folle de ton corps
À ce point, méchante enragée
Que je me trouve à bout d'accords ?

Fi la vilaine qui demande
Encore, encore et sans répit,
Comme fait une enfant gourmande
Avec des larmes de dépit...

PAUL ÉLUARD
LE BAISER

CETTE PRÉPARATION DE DERNIÈRE MINUTE, EN DEUX TEMPS... PEUT SE FAIRE À DEUX, UNE PETITE COUPE DE CHAMPAGNE À LA MAIN...

PÂTES AU CITRON À LA BRUINE DE CANNELLE

Préparation : **10 min**

Cuisson : **cela dépend des pâtes (2 minutes pour les pâtes fraîches, 8 minutes pour les autres... L'important est qu'elles soient toujours « al dente » !)**

Moyen

1 citron jaune

5 cuillerées à soupe d'huile d'olive

Gros sel

200 g de lardons fumés

1 cuillerée à soupe de vinaigre de xérès

400 g de spaghettis ou de tagliatelles (frais ou non, au choix)

40 cl de crème fraîche

60 g de parmesan râpé

Cannelle en poudre

Copeaux de parmesan (facultatif)

♥ Lavez le citron, prélevez-en tout le zeste, coupez-le en deux et pressez-le. Hachez très finement le zeste avec une demi-lune (hachoir à main arrondi).

♥ Dans une petite casserole, faites chauffer 4 cuillerées à soupe d'huile d'olive. Lorsqu'elle est chaude, ajoutez les zestes de citron. Faites-les fondre quelques secondes sur feu très doux. Ils ne doivent pas dorer. Retirez du feu et réservez les zestes dans leur huile.

♥ Remplissez d'eau une grande casserole et mettez-la à bouillir avec 1 pincée de gros sel et 1 cuillerée à soupe d'huile d'olive. Quand l'eau bout, mettez les pâtes à cuire... *al dente* !

♥ Pendant ce temps, faites revenir les lardons sans matières grasses dans une poêle à revêtement antiadhésif. Quand ils sont cuits, déglacez la poêle avec le vinaigre de xérès. Faites chauffer sur feu très doux le jus de citron en y ajoutant la crème fraîche et le zeste dans l'huile. Mélangez. (La crème fraîche ne doit jamais bouillir si vous ne voulez pas qu'elle tourne).

♥ Quand les pâtes sont cuites, égouttez-les et incorporez-y le contenu de la petite casserole, mélangez. Ajoutez les lardons, le parmesan et mélangez de nouveau. Au moment de servir, saupoudrez les pâtes de cannelle, dans les assiettes.

♥ Vous pouvez aussi ajouter des copeaux de parmesan.

THÉOPHRASTE, AU IIIe SIÈCLE AVANT JÉSUS-CHRIST, RECOMMANDAIT LES VERTUS STIMULANTES DE LA CANNELLE, DU THYM, DE LA MENTHE ET DU POIVRE, EN CAS DE FAIBLESSE... DU CORPS !

« BOIRE DU CHAMPAGNE, C'EST DÉJÀ AIMER. »

GEORGE SAND

Ce plat devant mijoter pendant 1 h 15, il faut le préparer à l'avance. Vous aurez donc largement le temps de vous préparer… Et il ne vous faudra que 5 minutes pour y mettre la touche finale !

POULET AUX FRUITS
D'ADAM ET ÈVE

Préparation : **20 min**

Cuisson : **1 h 15 de mijotage + 5 min de mitonnage**

Facile

2 beaux filets de poulet (ou 2 belles cuisses si vous n'aimez pas le blanc)

50 g de beurre

1 gros oignon

1 banane

1 pomme (granny smith de préférence)

1 citron jaune

1 verre de vin blanc (de votre choix)

4 cuillerées à café de curry en poudre

25 cl de crème fraîche

120 g de riz basmati

Chutney de mangue

Sel, poivre

♥ Coupez les filets de poulet en morceaux (ôtez la peau si vous avez choisi des cuisses). Faites-les revenir dans une grande cocotte avec la moitié du beurre. Couvrez et faites cuire sur feu doux.

♥ Pendant ce temps, épluchez et émincez l'oignon. Faites-le fondre avec le restant de beurre dans une petite poêle sur feu très doux.

♥ Coupez la banane en rondelles et la pomme pelée en morceaux. Pressez le citron et préparez le verre de vin blanc.

♥ Lorsque l'oignon est bien fondu, ajoutez-le au poulet avec la banane, la pomme, le jus de citron, le curry et le vin blanc. Salez et poivrez.

♥ Incorporez 2 cuillerées à soupe de crème fraîche. Mélangez bien et faites mijoter sur feu très doux (la crème fraîche ne doit pas bouillir) pendant 1 h 15. Éteignez le feu.

♥ Si vous avez un cuiseur de riz, vous pouvez préparer votre riz à l'avance ou le faire cuire au dernier moment (10 minutes avant de vous mettre à table) dans une grande quantité d'eau bouillante.

♥ Au moment de servir, réchauffez le poulet quelques minutes et ajoutez 2 cuillerées à soupe de crème fraîche. Servez avec du chutney de mangue.

« Je suis capable de résister à tout sauf à la tentation. »
OSCAR WILDE

Ce plat se prépare à la dernière minute.

CABRIOLES DE GAMBAS
AU CURRY

Préparation : **5 min**

Cuisson : **10 à 15 min (selon la grosseur des gambas)**

Facile

- 1 bel oignon
- 1 gousse d'ail
- 2 cuillerées à soupe de persil haché fin
- 1 bonne cuillerée à soupe d'huile d'olive
- 1½ cuillerée à café de pâte de curry (épicée ou non, au choix)
- 10 cl de vin blanc sec
- 400 g de gambas crues
- Sel, poivre

♥ Épluchez l'oignon, l'ail et lavez le persil. Émincez l'oignon, coupez l'ail en petits morceaux sans oublier d'enlever le germe.

♥ Faites chauffer l'huile dans une grande poêle. Faites-y fondre l'oignon haché en remuant sur feu doux. Ajoutez l'ail et le curry, mélangez et laissez cuire ensemble pendant 2 à 3 minutes sur feu doux.

♥ Versez le vin blanc. Augmentez le feu. Au premier bouillon, versez les gambas dans la poêle. Salez. Faites cuire sur feu vif en remuant souvent jusqu'à ce que les gambas soient devenues uniformément rouges et que tout le vin se soit évaporé.

♥ Le temps de cuisson varie de 4 à 8 minutes suivant la grosseur des gambas et la largeur de la poêle (gambas plus ou moins superposées). Ajoutez le persil. Mélangez rapidement. Servez aussitôt.

♥ Vous pouvez accompagner ces gambas d'un riz basmati ou d'une simple salade de roquette.

Conseil : Il est préférable de faire cuire les gambas dans une grande poêle plutôt que dans une sauteuse car vous pouvez ainsi les aligner sans les superposer : la cuisson sera plus rapide et plus uniforme.

« Exaltez le goût, pour exalter les sens... »

Sénèque

Cette recette se fait traditionnellement avec des tortellinis au bœuf, mais elle s'adapte très bien à toutes les pâtes farcies. Faites-vous donc plaisir !

RAVI…O…LIS
AU CURRY

Préparation : **15 min**

Cuisson : **variable selon les pâtes choisies**

Facile

- 40 g de raisins secs
- 1 pomme granny smith
- 20 g de beurre
- 1 cuillerée à soupe de curry en poudre
- 25 cl de crème fraîche
- 400 g de tortellinis à la viande (ou autres pâtes farcies)
- Sel, poivre

♥ Faites tremper les raisins secs quelques minutes dans l'eau bouillante. Pendant ce temps, pelez la pomme. Égouttez les raisins et coupez la pomme en petits morceaux.

♥ Faites fondre le beurre dans une cocotte et faites-y cuire la pomme sur feu doux pendant 10 à 15 minutes en surveillant bien. À la fin de la cuisson, saupoudrez de curry et ajoutez les raisins secs.

♥ Versez la crème, assaisonnez et éteignez le feu. Votre sauce est prête, elle peut attendre le dernier moment.

♥ Au moment de servir, faites cuire les pâtes dans une grande quantité d'eau salée. Pendant ce temps, faites réchauffer votre sauce pendant 5 minutes sur feu très doux (attention de ne pas faire bouillir la crème fraîche).

♥ Lorsque les pâtes sont cuites, égouttez-les et mettez-les dans la casserole où votre sauce mijote. Remuez délicatement et régalez-vous !

BAGATELLES FARCIES
AU PESTO DE ROQUETTE

Préparation : **15 min**

Cuisson : **temps pour les pâtes + 10 min au four**

Facile

1 échalote

1 botte de basilic

200 g de roquette

60 g de parmesan râpé

120 g de pignons

2 cuillerées à soupe d'huile d'olive

Gros sel

200 g de grosses pâtes coquillages (conchiglioni regatis n°126)

Sel, poivre

♥ Faites préchauffer votre four à 150 °C (thermostat 5).

♥ Épluchez les échalotes et équeutez le basilic. Mixez ensemble l'échalote, la roquette, le basilic, 40 g de parmesan et 80 g de pignons. Salez et poivrez. Ajoutez progressivement 10 cl d'huile d'olive pour obtenir une pommade épaisse. Votre pesto est prêt.

♥ Faites bouillir dans une casserole une grande quantité d'eau avec 1 cuillerée d'huile d'olive et du gros sel. Faites cuire les pâtes coquillages *al dente*, puis égouttez-les soigneusement. Farcissez les pâtes de pesto (sans vous brûler!)

♥ Dans un plat allant au four préalablement huilé, disposez les coquillages farcis au pesto les uns à côté des autres. Arrosez d'un filet d'huile d'olive et enfournez le plat pendant 10 minutes environ.

♥ Pendant ce temps, faites dorer les 40 g de pignons restants dans une poêle à revêtement antiadhésif. Sortez votre plat du four, parsemez les pâtes des pignons dorés et du reste de parmesan.

À Byzance, on portait au basilic les mêmes soins que les druides portaient au gui. Il ne devait être cueilli que par le souverain, avec une faucille d'or (d'où son surnom d'« herbe royale »), pour ne point altérer ses pouvoirs amoureux.

« Le basilic induit à l'amour fatal. »

BOCCACE
LE DÉCAMÉRON

Ce plat peut se préparer à l'avance et se réchauffer doucement au dernier moment.

FILET MIGNON
AU GARAM MASSALA

Préparation : **5 min**

Cuisson : **15 min**

Facile

1 petit filet mignon de porc

25 g de beurre

Garam massala (à discrétion)

25 à 50 cl de crème fraîche

120 g de riz basmati

Sel, poivre

♥ Dans une cocotte, faites revenir le filet mignon dans le beurre. Faites dorer à découvert sur feu moyen, puis couvrez et laissez cuire sur feu doux pendant 10 minutes environ.

♥ Pendant ce temps, faites cuire le riz.

♥ Sortez le filet de la cocotte et coupez-le en tranches. Remettez dans la cocotte. Saupoudrez de garam massala (commencez par 1 cuillerée à soupe, vous rectifierez ensuite). Remuez avec une cuillère en bois pour que tous les morceaux soient bien imprégnés du mélange d'épices.

♥ Incorporez la crème fraîche (25 cl si vous n'aimez pas trop crémé, 50 cl si vous voulez une belle sauce pour votre riz.) Goûtez immédiatement et rectifiez l'assaisonnement d'épices. Salez et poivrez. Éteignez le feu.

♥ Servez.

Le garam massala est un mélange d'épices réputées presque toutes aphrodisiaques : coriandre, cumin, gingembre, cannelle, poivre noir, muscade, origan, piment fort, cardamome, girofle et laurier.

CE PLAT SE PRÉPARE À L'AVANCE, CE QUI VOUS LAISSERA LE TEMPS ET LE LOISIR DE VOUS APPRÊTER.

CURRY D'AUBERGINES

Préparation : **10 à 15 min + 20 min pour dégorger**

Cuisson : **1 h**

Facile

500 g d'aubergines

1 gros oignon (ou 2 petits)

1 gousse d'ail

2 cuillerées à soupe d'huile d'olive

1 cuillerée à soupe de concentré de tomate

1 petit verre d'eau

1/2 cuillerée à soupe de curry en poudre (ou plus si vous le désirez)

1 cuillerée à soupe de vinaigre

2 cuillerées à soupe de raisins blonds

Sel, poivre

♥ Pelez les aubergines. Coupez-les en cubes, saupoudrez-les de sel fin, mélangez et mettez-les dans une passoire à dégorger pendant 20 minutes. Épluchez l'oignon et l'ail. Émincez l'oignon et pressez l'ail.

♥ Dans une cocotte ou une sauteuse, faites chauffer l'huile d'olive et faites-y dorer l'oignon. Ajoutez les aubergines en cubes, l'ail pressé, le concentré de tomate, l'eau, le curry, le vinaigre et les raisins. Poivrez.

♥ Couvrez et laissez mijoter sur feu moyen pendant 30 minutes en remuant une ou deux fois. Découvrez et laissez réduire le jus de cuisson en laissant cuire encore pendant 10 à 15 minutes.

♥ Si vous désirez accompagner une viande blanche toute simple, cette recette sera en parfaite harmonie.

Cette recette
se prépare
à la dernière minute.

FILETS DE BŒUF
AUX TROIS POIVRES

Préparation : **le temps de cuisson de votre viande**

Cuisson : **cela dépend si vous aimez la viande bleue ou à point**

Facile

20 g de beurre

2 pavés de bœuf épais dans le filet (tournedos ou faux-filet)

1 cuillerée à soupe de cognac

4 cuillerées à soupe de crème fraîche

1 cuillerée à café de poivre noir

1 cuillerée à café de poivre gris

1 cuillerée à café de poivre vert frais en grains (ou en conserve si vous ne trouvez pas de frais)

Sel

♥ Dans une poêle, faites chauffer le beurre. Faites cuire les pavés de bœuf, retirez la viande de la poêle et réservez-la au chaud.

♥ Déglacez la poêle avec le cognac et remuez jusqu'au moment où le grésillement cesse. Ajoutez la crème fraîche, puis les trois poivres. Salez. Remuez. Versez la sauce sur les steaks et servez aussitôt.

♥ Servez avec un buzet ou un cahors.

Vulgairement appelé « cric à bite », on appelle plus élégamment le poivre « plaisir de Vénus ».

Dans la famille des poivres on trouve le « bois d'Inde », aux graines plus grosses, de couleur brun foncé, et à l'arôme plus fruité.

Ce plat proposé par Marie-Danièle se prépare à l'avance.

CONFIT D'AGNEAU
AU PIMENT DOUX ET AUX ABRICOTS

Préparation : **30 min**

Cuisson : **3 h**

Moyen

- 2 oignons blancs
- 2 gousses d'ail
- 3 cuillerées à soupe d'huile d'olive
- 1 petite épaule d'agneau
- 1 petit citron confit
- 2 oignons violets
- 5 abricots secs
- 3 dattes
- 3 figues sèches
- 30 g de raisins secs
- 10 olives vertes dénoyautées
- 1/2 cuillerée à café de piment d'Espelette

♥ Émincez les oignons blancs et l'ail. Dans une cocotte, faites chauffer 2 cuillerées à soupe d'huile d'olive, ajoutez les oignons blancs, l'ail et faites-les dorer sur feu doux. Ajoutez l'épaule d'agneau et faites-la dorer sur toutes ses faces.

♥ Couvrez et laissez cuire pendant 3 heures sur feu très, très doux en la retournant régulièrement. Arrosez avec le jus de cuisson. Surveillez bien : il s'agit de faire confire pas de faire brûler !

♥ Émincez les oignons violets, faites-les fondre sur feu doux avec 1 cuillerée à soupe d'huile d'olive pendant 1 heure.

♥ Coupez les abricots, le citron confit, les figues et les dattes en petits cubes et mettez-les avec les oignons violets. Incorporez les raisins secs, les olives vertes coupées en deux et le piment d'Espelette. Faites cuire pendant 30 minutes à feu doux.

♥ Désossez l'épaule d'agneau cuite que vous aurez laissée tiédir et effilochez la chair avec les doigts. Mélangez avec les autres préparations. Faites réchauffer le tout sur feu doux quelques minutes et servez.

♥ Dégustez avec un côte-du-rhône village rouge.

CE PLAT PROPOSÉ PAR VÉRONIQUE SE PRÉPARE EN DEUX TEMPS : LES LÉGUMES D'ABORD, PUIS LE POISSON AU DERNIER MOMENT.

LOTTE EN PANURE DE PARMESAN

Préparation : **20 min**

Cuisson : **15 à 20 min**

Facile

8 petites asperges vertes
1 oignon violet
50 g de beurre
100 g de pois gourmands
50 g de parmesan râpé
1 cuillerée à soupe rase de farine
1 cuillerée à soupe de thym sec
1 petite tasse de lait
2 tranches de lotte de 2 cm d'épaisseur
1 cuillerée à soupe d'huile d'olive
Sel, poivre du moulin

♥ Pelez et lavez les asperges. Coupez-les en trois et faites-les cuire pendant 3 minutes dans de l'eau bouillante salée. Égouttez-les.

♥ Épluchez et émincez l'oignon. Faites-le fondre dans une sauteuse avec 25 g de beurre pendant 10 minutes. Ajoutez les asperges et les pois gourmands. Salez. Couvrez et laissez cuire sur feu très doux pendant 10 minutes.

♥ Pendant ce temps, mélangez le parmesan râpé, la farine et le thym émietté dans une assiette. Dans une autre assiette, versez le lait. Sur une troisième assiette, séchez les tranches de lotte sur du papier absorbant.

♥ Au moment de servir, trempez les tranches de lotte dans le lait, assaisonnez-les, puis roulez-les dans la panure de parmesan.

♥ Faites fondre dans une poêle le reste de beurre et l'huile d'olive. Lorsque la poêle grésille, faites-y cuire les tranches de lotte sur feu doux 3 minutes de chaque côté. Salez et poivrez. Servez aussitôt avec les asperges et les pois gourmands.

Ce plat se prépare en deux temps : la veille pour la marinade, le jour même pour la cuisson.

FILET DE BŒUF
AUX POIS CHICHES ET AUX DEUX GINGEMBRES

Préparation : **12 h de marinade**

Cuisson : **10 min (ou plus si vous n'aimez pas la viande saignante)**

Facile

- 1 gousse d'ail
- 1 feuille de laurier
- 1 cuillerée à soupe d'huile d'olive
- 1 cuillerée à café de moutarde à l'ancienne
- 1½ cuillerée à soupe de cognac
- 1 cuillerée à soupe de sauce soja
- 1 cuillerée à soupe de gingembre frais émincé
- 500 g de filet de bœuf, sans barde, assez épais
- 250 g de pois chiches en bocal
- 1 cuillerée à soupe de gingembre confit râpé
- Sel, poivre

♥ La veille, épluchez et écrasez la gousse d'ail. Ciselez la feuille de laurier. Dans un bol, mélangez l'huile, la moutarde, le cognac, la sauce soja, l'ail, le laurier et le gingembre frais.

♥ Placez la viande sur du film alimentaire et badigeonnez-la de marinade sous toutes ses faces. Emballez-la en serrant bien et laissez macérer au réfrigérateur toute la nuit.

♥ Le lendemain, sortez la viande du réfrigérateur et sortez-la du film alimentaire au moins 1 heure avant la cuisson.

♥ Faites préchauffer votre four à 240 °C (thermostat 8) pendant 20 minutes.

♥ Placez le filet de bœuf dans un plat allant au four. Faites cuire au four pendant 10 minutes (un peu plus longtemps si vous n'aimez pas la viande saignante). Pendant ce temps, rincez et égouttez les pois chiches.

♥ Lorsque le filet de bœuf est cuit, réservez-le au chaud dans une feuille d'aluminium et faites réchauffer les pois chiches dans le jus de viande. Rectifiez l'assaisonnement.

♥ Coupez le filet de bœuf en tranches fines et disposez-les dans une assiette avec les pois chiches. Parsemez de gingembre confit. Servez immédiatement.

« Celui qui prendra des pois chiches et les fera cuire soigneusement avec des oignons puis saupoudrera ce mélange de cannelle, de gingembre et de graines de cardamome bien pulvérisées ensemble, obtiendra de l'usage de ce mets un grand désir amoureux et une force remarquable pour le coït. »

MOHAMMED EL NEFZAOUI
LE JARDIN PARFUMÉ

Ce plat se prépare à l'avance.

MASSALÉ D'AGNEAU

Marinade : **2 h**

Préparation : **25 min**

Cuisson : **1 h 10**

Facile

500 g d'épaule d'agneau maigre désossée

1 citron

1 yaourt nature

1 oignon

2 petites gousses d'ail

1 petit morceau de gingembre frais de 4 cm

5 cosses de cardamome verte

2 cuillerées à soupe d'huile d'arachide

1 morceau de cannelle de 4 cm

1 feuille de laurier

1 cuillerée à soupe de massalé (avec ou sans piment selon le goût des amoureux)

50 g d'amandes émondées et hachées

1 pincée de noix muscade râpée

25 g de pistaches décortiquées

10 cl de crème fleurette

Sel, poivre noir du moulin

♥ Coupez l'épaule d'agneau en cubes de 4 cm. Mettez-les dans un plat creux avec le jus du citron et le yaourt. Couvrez et laissez mariner au réfrigérateur pendant au moins 2 heures.

♥ Épluchez l'oignon. Épluchez l'ail et pelez le gingembre. Émincez l'oignon, le gingembre, et hachez l'ail. Ouvrez les cosses de cardamome pour ne prendre que les graines.

♥ Faites chauffer l'huile dans une cocotte, faites-y revenir l'oignon, l'ail, la cardamome, le gingembre, la cannelle, le laurier et le massalé. Laissez cuire 5 minutes sur feu moyen en mélangeant sans cesse, puis ajoutez les morceaux d'agneau avec leur marinade. Salez et poivrez.

♥ Mélangez à nouveau. Lorsque les morceaux de viande sont bien imprégnés et enrobés, versez 15 cl d'eau bouillante et incorporez la moitié des amandes. Mélangez jusqu'à ce que la sauce soit bien liée. Ajoutez la muscade.

♥ Couvrez et laissez frémir 50 minutes. Juste avant de servir, répartissez le reste d'amandes et les pistaches. Baissez le feu et incorporez la crème fleurette. Laissez cuire 5 à 10 minutes sans bouillir.

♥ Servez avec du riz blanc, des haricots rouges et des achards de légumes ou de mangue (ou pourquoi pas les deux ?).

C'est Francis Granier, Stéphanois lieutenant de la marine française, qui découvrit au Laos la cannelle royale. Il avait été envoyé au bout du monde par ses supérieurs qui le jugeaient indiscipliné et insubordonné.

CETTE RECETTE SE PRÉPARE EN DEUX TEMPS.

LANGOUSTES GRILLÉES

Préparation : **20 min**

Marinade : **48 h au minimum**

Cuisson : **5 min**

Moyen

- 15 cl d'huile de pépins de raisin
- 1 cuillerée à café de poivre en grains
- 1 cuillerée à café de graines de coriandre
- 2 langoustes
- 2 cubes de court-bouillon de poisson ou de crustacés
- 1/2 cuillerée à café de graines de carvi
- 1/2 cuillerée à café de graines de cumin
- 2 cuillerées à café de ciboulette
- 1/2 anchois au sel
- 1 cuillerée à café de miel liquide
- 1 cuillerée à café de xérès blanc
- 2 cuillerées à café de vinaigre de framboise ou de cidre
- 1 cuillerée à café de moutarde de Meaux (facultatif)
- Sel

♥ Préparez une marinade plusieurs jours à l'avance avec 10 cl d'huile de pépins de raisin dans laquelle vous mettrez le poivre en grains et les graines de coriandre préalablement pilées.

♥ Le jour du repas, préparez le court-bouillon (en suivant les instructions données sur la boîte). Tailladez la carapace des langoustes et ébouillantez-les dans le court-bouillon pendant 5 minutes (elles doivent être recouvertes). Égouttez les langoustes et faites tremper dans le mélange de la marinade.

♥ Pendant ce temps, préparez votre sauce : écrasez dans un mortier les graines de carvi et de cumin, la ciboulette finement hachée et le demi-anchois au sel. Ajoutez le miel, le xérès, le vinaigre et, si vous le désirez, la moutarde. Faites revenir ce mélange dans l'huile restante pendant quelques minutes sur feu doux.

♥ Passez la marinade au chinois.

♥ Faites griller vos langoustes 10 minutes à feu vif en les arrosant de la marinade. Au moment de servir, versez la sauce chaude sur les langoustes.

Ce plat se prépare à l'avance.

LAPIN SAUTÉ
BASQUAISE

Préparation : **30 min**

Cuisson : **45 min**

Facile

- 1 petit bouquet de persil
- 1 petit bouquet de menthe
- 2 oignons (ou une dizaine d'oignons nouveaux)
- 1 poivron rouge
- 2 gousses d'ail
- 4 tomates en grappe
- 2 cuillerées à soupe d'huile d'olive
- 1/2 cuillerée à café de piment d'Espelette (ou plus selon votre goût)
- 2 râbles de lapin ou 2 cuisses
- Sel, poivre

♥ Équeutez le persil et la menthe. Lavez-les et ciselez-les. Épluchez les oignons. Coupez le poivron en long et épépinez-le. Émincez les oignons et le poivron. Épluchez l'ail et hachez-le. Enlevez la queue des tomates et ébouillantez-les quelques secondes pour les peler plus facilement. Épépinez-les.

♥ Dans une cocotte, faites chauffer 1 cuillerée à soupe d'huile et faites fondre les oignons avec le piment pendant 5 minutes. Retirez-les, remettez 1 cuillerée à café d'huile dans la cocotte. Faites revenir le poivron pendant 5 minutes. Retirez-le.

♥ Versez de nouveau 1 cuillerée à café d'huile et faites dorer les morceaux de lapin pendant 10 minutes. Remettez les oignons et les poivrons dans la cocotte avec le lapin, ajoutez les tomates, l'ail. Salez et poivrez. Couvrez à moitié et laissez mijoter pendant environ 30 minutes (vérifiez la cuisson).

♥ Parsemez d'herbes ciselées. Servez aussitôt. Si vous le désirez, vous pouvez ajouter à cette recette des toasts grillés arrosés d'un trait d'huile d'olive et garnis de fines lamelles de jambon de Bayonne.

Ce plat proposé par Annie se prépare à l'avance.

PIQUILLOS
DE CABILLAUD

Préparation : **40 min**

Cuisson : **à surveiller jusqu'à ce que la peau des poivrons soit plissée et gonflée + 5 min pour le poisson**

Moyen

3 poivrons rouges

1 pomme de terre Bintje (facultatif)

200 g de cabillaud

1 gousse d'ail

Quelques tiges de persil plat

10 cl d'huile d'olive

1 petit bocal de piquillos (poivrons espagnols originaires du Pays basque, en vente dans les épiceries fines)

1 cuillerée à soupe de crème fleurette

Sel, poivre

♥ Faites chauffer le gril du four. Posez les poivrons sur la plaque du four recouverte d'un papier aluminium. Faites-les cuire jusqu'à ce que la peau se décolle. Retournez-les sur les quatre faces. Surveillez la cuisson pour ne pas les laisser brûler. Lorsqu'ils sont cuits, mettez-les à refroidir dans un sac plastique. Fermez hermétiquement.

♥ Pelez la pomme de terre et faites-la cuire à l'eau (elle est cuite lorsque la lame du couteau s'enfonce facilement). Pendant ce temps, mettez le cabillaud dans une casserole d'eau froide et salée. Portez à ébullition sur feux doux, puis égouttez immédiatement.

♥ Émiettez le cabillaud et coupez la pomme de terre. Épluchez l'ail et émincez-le. Lavez le persil et prélevez les feuilles. Mixez le cabillaud, la pomme de terre, l'ail, le persil et l'huile d'olive. Salez et poivrez.

♥ Farcissez les piquillos avec cette brandade. Quand les poivrons sont presque froids, pelez-les. Coupez-les en deux et épépinez-les. Mixez les filets de poivrons avec un filet d'huile d'olive. Assaisonnez et ajoutez la crème fleurette. Mixez jusqu'à obtenir une crème onctueuse. Mettez en saucière.

♥ Servez froid ou chaud. Dans le cas où vous servez chaud, mettez les piquillos et leur coulis à réchauffer au four quelques minutes à 180 °C (thermostat 6), sans laisser colorer. Vous pouvez ajouter 120 g de riz blanc en accompagnement.

Cette recette se prépare à l'avance. Faites la sauce la veille, elle n'en sera que meilleure.

COQUELET AUX ÉPICES COQUINES ET AU CHOCOLAT

Préparation : **30 min**

Cuisson : **30 à 40 min (selon la grosseur du coquelet)**

Moyen

3 cuillerées d'huile d'olive
1 coquelet
1 oignon
1 gousse d'ail
1 petit piment oiseau
1 belle tomate
1/2 cuillerée à soupe de mélange quatre-épices
1 cuillerée à café de graines de coriandre
1 cuillerée à café d'anis en poudre
1/2 cuillerée à soupe d'amandes en poudre
1/2 cuillerée à soupe de fond de volaille
50 g de raisins secs
50 g de chocolat noir corsé
Sel, poivre

♥ Faites préchauffer votre four à 240 °C (thermostat 8). Huilez le coquelet, salez-le et poivrez-le. Faites-le cuire au four pendant 30 à 40 minutes.

♥ Pendant ce temps préparez la sauce. Épluchez l'oignon et l'ail. Émincez-les. Hachez le piment oiseau. Pelez la tomate en la plongeant préalablement pendant quelques secondes dans de l'eau bouillante. Coupez-la en petits dés.

♥ Faites chauffer 2 cuillerées à soupe d'huile d'olive dans une petite cocotte et faites-y revenir l'oignon, l'ail et le piment oiseau. Couvrez d'eau et laissez mijoter pendant 10 minutes sur feu doux. Ôtez du feu.

♥ Enlevez la préparation de la cocotte et passez-la au mixeur avec le quatre-épices, la coriandre, l'anis et les amandes en poudre. Salez et poivrez.

♥ Remettez l'ensemble dans la cocotte et faites de nouveau revenir pendant 5 minutes. Ajoutez le fond de volaille délayé dans 10 cl d'eau. Ajoutez les tomates et les raisins secs. Faites cuire sur feu très doux pendant 15 minutes.

♥ Pendant ce temps, faites fondre le chocolat noir avec 1 cuillerée à soupe d'eau dans une petite casserole à revêtement antiadhésif ou au bain-marie. Incorporez le chocolat fondu à la préparation précédente en remuant bien. La sauce doit être à la fois pimentée et onctueuse. Rectifiez l'assaisonnement. Incorporez du liquide si nécessaire.

♥ Lorsque le coquelet est cuit, servez-le nappé de sauce. Vous pouvez l'accompagner de riz sauvage.

Ce plat se prépare à l'avance.

CARRÉ DE VEAU AUX FIGUES ET NOIX CONFITES

Préparation : **30 min**

Cuisson : **45 min**

Moyen

2 figues sèches coupées en dés

3 oranges

1½ cuillerée à café d'huile d'olive

600 g de carré de veau

1 brin de romarin

1 brin de thym ou de sarriette

1 feuille de laurier

1 échalote

10 g de noix concassées

5 cl de fond de veau (à base de fond déshydraté)

Sel, poivre du moulin

♥ Faites préchauffer votre four à 150 °C (thermostat 5).

♥ Pressez 1 orange pour en exprimer 10 cl de jus.

♥ Faites tremper les figues dans 5 cl de jus d'orange. Pelez 2 oranges en enlevant le maximum de peau blanche. Coupez-les en tranches de 0,5 cm d'épaisseur et reconstituez-les sur deux piques en bois.

♥ Poivrez au moulin, arrosez avec 1 cuillerée à café d'huile d'olive. Réservez. Faites dorer le carré dans une poêle avec une demi-cuillerée à café d'huile d'olive. Lorsqu'il est bien doré, mettez-le dans un petit plat allant au four, avec le romarin, le thym (ou sarriette), le laurier et 5 cl de jus d'orange.

♥ Faites cuire au four en arrosant souvent avec le jus de cuisson. Pendant ce temps, épluchez et émincez l'échalote. Faites-la dorer dans la poêle avec le reste d'huile. Ajoutez les figues, les noix, le fond de veau et le jus d'orange.

♥ Laissez mijoter jusqu'à ce que le jus soit évaporé. Salez en fin de cuisson. Servez le carré accompagné de cette préparation confite et des brochettes d'orange fraîches.

♥ Accompagnez d'un saumur-champigny rouge à 14° et de tagliatelles fraîches ou de riz sauvage.

« La figue allume l'amour qu'elle excite. »

On conseille, dans les recettes aphrodisiaques, de remplacer le thym par la sarriette, appelée aussi « herbe du bonheur ».

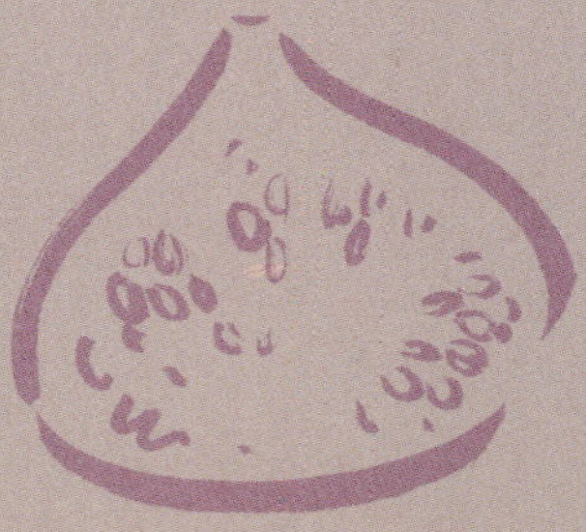

Ce plat se prépare au dernier moment.

SAUMON
AUX CAPUCINES

Préparation : **15 min**

Cuisson : **30 min**

Facile

1 petite poignée de fleurs de capucine
1 blanc de poireau
1 carotte
1 oignon blanc
Quelques branches de persil
4 fines tranches de poitrine fumée
250 g de saumon frais en filet ou en escalope
2 cuillerées à café de moutarde
2 cuillerées à soupe de vinaigre de cidre
2 cuillerées à soupe de crème fleurette
30 g de beurre
Sel, poivre

♥ Faites préchauffer votre four à 220 °C (thermostat 8).

♥ Détachez les fleurs de capucine de leurs tiges. Pelez, lavez et détaillez tous les légumes en julienne.
Lavez, séchez et hachez le persil.

♥ Coupez une grande feuille de papier d'aluminium et déposez 2 tranches de poitrine fumée. Ajoutez le saumon. Salez et poivrez. Recouvrez des fleurs de capucine. Réservez.

♥ Mélangez la moutarde avec le vinaigre de cidre et la crème fleurette. Ajoutez les légumes et le persil. Mettez le tout sur le poisson. Parsemez la surface de petits morceaux de beurre et couvrez avec le reste de tranches de poitrine.

♥ Fermez la papillote et mettez au four pendant 30 minutes. Ouvrez la papillote, coupez le saumon en deux et dressez sur deux assiettes.

♥ Attention au jus : versez tout d'un coup dans un bol et nappez ensuite votre poisson. Servez avec des pommes vapeur.

♥ Dégustez avec un meursault 97.

Moutarde vient de « moût ardent », utilisé au Moyen Âge.

À propos des plaisirs de l'amour, George Sand parlait de « s'amuser à la moutarde »...

Ce plat se prépare à l'avance.

SAINT-JACQUES AUX ENDIVES CARAMÉLISÉES

Préparation : **30 à 40 min**

Cuisson : **20 min**

Difficile

8 coquilles Saint-Jacques

300 g d'endives

1/2 citron

25 g de beurre

1 cuillerée à soupe de miel d'acacia

1/2 cuillerée à café d'huile d'olive

Ciboulette

1 échalote

Sel, poivre

Pour la sauce :

1 cuillerée à soupe d'eau

75 g de beurre détaillé en cubes

1/2 citron

♥ Demandez à votre poissonnier de préparer les coquilles Saint-Jacques. Lavez-les, séchez-les et entreposez-les au réfrigérateur.

♥ Ôtez les feuilles extérieures des endives et jetez-les. Essuyez les endives sans les laver, coupez-les en deux (en retirant la partie dure centrale), puis en tronçons de 5 cm. Émincez ensuite ces tronçons en bâtonnets fins et réguliers. Séchez à nouveau dans un linge et citronnez aussitôt.

♥ Épluchez l'échalote et émincez-la.

♥ Dans une sauteuse, mettez à fondre 15 g de beurre. Dès qu'il commence à grésiller, ajoutez la julienne d'endives avec l'échalote et faites sauter pendant 3 minutes sur feu vif. Salez et poivrez. Arrosez avec le miel, en les remuant doucement pour enduire complètement les endives.

♥ Poursuivez la cuisson quelques instants en surveillant pour les laisser caraméliser sans les faire brûler. Réservez au chaud.

« Il était gros et manquait d'élégance. Un jour, je demandai à l'une de ses maîtresses ce qui l'avait attirée en lui. Je m'attendais à ce qu'elle parlât de son intelligence aiguë et de son goût pour la plaisanterie. Pas du tout : elle me dit que son corps avait une odeur de miel. »

SOMERSET MAUGHAM

♥ Préparez la sauce. Dans une casserole à fond épais, portez l'eau à ébullition. Baissez le feu et incorporez peu à peu le quart des cubes de beurre en fouettant. Attendez qu'ils soient bien fondus avant d'ajouter les suivants. La sauce doit épaissir et devenir onctueuse, mais ne doit jamais bouillir. Salez, poivrez. Ajoutez pour finir 5 gouttes de citron. Goûtez et rectifiez l'assaisonnement. Réservez la sauce au chaud dans un bain-marie tempéré.

♥ Piquez le corail des Saint-Jacques avec la pointe d'une aiguille pour éviter leur éclatement à la cuisson. Dans une poêle à revêtement antiadhésif, faites fondre le beurre restant avec l'huile.

♥ Mettez-y les noix et le corail à cuire à feu moyen pendant environ 30 secondes sur chaque face. Salez et poivrez à mi-cuisson. Maintenez-les au chaud en couvrant la poêle. Dressez un petit dôme d'endives caramélisées sur le bord supérieur des deux assiettes.

♥ Disposez 4 noix de Saint-Jacques à côté. Entourez-les d'un cordon de beurre fondu. Parsemez de ciboulette et servez aussitôt.

Cette recette se prépare à l'avance.

CÉLERI EN BRANCHE AUX CÈPES ET AUX CAROTTES

Préparation : **1 h**

Cuisson : **35 min**

Facile

- 50 g de cèpes séchés
- 1 petit oignon
- 75 g de poitrine salée
- 1/2 pied de céleri-branche
- 250 g de carottes
- 1 cuillerée à soupe d'huile de tournesol
- 1 cuillerée à soupe de farine
- 1 bol de bouillon
- 5 cl de fond de viande (veau ou volaille) à base de fond déshydraté
- 1/2 morceau de sucre (facultatif)
- Sel, poivre

♥ Faites gonfler les cèpes séchés dans de l'eau chaude pendant 20 à 30 minutes.

♥ Pendant ce temps, émincez l'oignon et coupez la poitrine salée en lardons. Lavez et coupez en morceaux le céleri. Pelez les carottes et détaillez-les en bâtonnets.

♥ Dans une cocotte, faites revenir dans l'huile chaude, l'oignon émincé et la poitrine salée jusqu'à ce que l'oignon commence à dorer. Ajoutez la farine, laissez roussir et versez immédiatement le bouillon (si possible réalisé avec un fond de jus de viande) et 2 cuillerées à soupe de l'eau des cèpes.

♥ Incorporez les morceaux de céleri, les carottes, les cèpes égouttés et le sucre. Salez et poivrez. Laissez mijoter doucement pendant 30 minutes. Goûtez et rectifiez l'assaisonnement avant de servir.

Un proverbe médiéval dit : « Si l'homme savait l'effet du céleri, il en remplirait son coutil. »
Ou encore : « Si femme savait ce que le céleri fait à l'homme, elle irait en chercher de Paris à Rome. »

« On ne peut se dissimuler que ce soit une plante (...) aphrodisiaque. Nous sommes obligés, pour l'acquit de notre conscience, d'avertir les personnes timorées de cette dernière propriété du céleri, afin qu'elles s'en abstiennent, ou n'en fassent qu'un prudent usage.
C'est dire assez que ce n'est pas la salade des célibataires ! »

BRILLAT-SAVARIN

Cette recette se prépare à l'avance.

LAPIN AUX PRUNEAUX

Préparation : **20 min**

Cuisson : **1 h**

Moyen

200 g de pruneaux dénoyautés

2 petits verres de cognac

1 petit oignon

1 échalote

1 gousse d'ail

2 cuillerées à soupe d'huile de tournesol

15 g de beurre

2 belles cuisses de lapin (ou 2 râbles)

1 bonne cuillerée à café de farine

50 cl de bon vin rouge

1 cube de bouillon de légumes

3 graines de cardamome

10 graines de coriandre

2 feuilles de sauge

1 branche de sarriette

Sel, poivre

♥ Faites tremper les pruneaux dénoyautés dans un petit verre de cognac avec un peu d'eau bouillante.
Pendant ce temps, épluchez l'oignon, l'échalote et l'ail. Émincez-les. Faites-les dorer dans 1 cuillerée à soupe d'huile. Réservez-les.

♥ Dans une cocotte, faites chauffer le beurre et 1 cuillerée à soupe d'huile. Mettez le lapin à sauter sur feu vif pendant 5 minutes. Flambez-le avec l'autre petit verre de cognac. Saupoudrez de farine, mélangez et couvrez avec le vin rouge.

♥ Complétez avec du bouillon si nécessaire (pour que le lapin soit entièrement couvert). Ajoutez la cardamome, la coriandre, la sauge, la sarriette, puis le mélange d'oignon, d'ail et d'échalote fondus. Salez et poivrez. Couvrez.

♥ Laissez mijoter sur feu doux pendant 45 à 50 minutes. Au bout de 20 minutes de cuisson, ajoutez les pruneaux avec leur jus. En fin de cuisson, rectifiez l'assaisonnement. Servez avec des pâtes fraîches ou des pommes vapeur.

Une recette médiévale préconise :
« Faites trois trous dans une feuille de sauge et reliez-les avec un de vos cheveux et un de l'être aimé. Enterrez ensuite la feuille sous son seuil, la personne vous aimera à jamais. »

La sarriette ou « herbe aux satyres », fut considérée comme l'herbe de la débauche. Sa culture fut interdite aux moines et aux nonnes.

« Les satyres, espèces de dieux moitié hommes, moitié boucs, étaient très enclins aux femmes, d'où vient qu'on leur a consacré une plante dont l'arôme lui donne des droits aux vertus aphrodisiaques si utiles à ces dieux dissolus. »

THORE

Cette recette proposée par Véronique se prépare à la dernière minute.

RATTES NOUVELLES
AU CUMIN

Préparation : **10 min**

Cuisson : **10 min (selon grosseur)**

Facile

- 500 g de rattes nouvelles
- 25 g de beurre salé breton
- 1 cuillerée à soupe d'huile de pépins de raisin
- 2 cuillerées à soupe de graines de cumin
- 2 cuillerées à soupe de graines de fenouil
- 1 cuillerée à soupe de graines de pavot
- 1 pincée de gros sel
- 1 pincée de noix muscade
- 1 cuillerée à soupe de coriandre ou de ciboulette
- Poivre du moulin

♥ Brossez les petites rattes sous l'eau. Essuyez-les et coupez-les en deux. Dans une cocotte, faites fondre ensemble le beurre et l'huile.

♥ Au premier grésillement, jetez les pommes de terre avec le cumin, le fenouil, le pavot, le gros sel et un tour de poivre du moulin. Laissez cuire à découvert sur feu moyen. Détachez régulièrement avec une spatule en bois en surveillant votre cuisson (dorer n'est pas brûler !).

♥ Pendant la cuisson, émincez finement la coriandre ou la ciboulette. Réservez. Piquez les rattes au couteau : si elles glissent, elles sont cuites. Hors du feu, saupoudrez les herbes hachées. Rectifiez l'assaisonnement et servez.

CE PLAT SE PRÉPARE À LA DERNIÈRE MINUTE.

FILETS GRILLÉS À LA CRÈME DE TRUFFE

Préparation : **5 min**

Cuisson : **selon que vous aimez le steak saignant ou à point**

Moyen

30 g de truffe noire

2 tranches de filet de bœuf de 150 g chacune (5 cm d'épaisseur)

40 g de beurre

6 cl de crème fleurette

1 cuillerée à café de gingembre en poudre

3 cl de marsala

Sel, poivre noir du moulin

♥ Émincez la truffe en lamelles. Aplatissez les filets de bœuf avec la lame du hachoir. Faites chauffer le beurre au bain-marie, puis mettez-le dans la poêle chaude.

♥ Ajoutez aussitôt les filets de bœuf et faites-les sauter à feu vif pendant 2 minutes de chaque côté pour une cuisson saignante.

♥ Baissez la flamme, ajoutez la crème fleurette et saupoudrez de gingembre. Salez et donnez un tour de poivre du moulin. Laissez réduire la sauce, puis versez le marsala et flambez. Servez aussitôt sur des assiettes chaudes, en parsemant au dernier moment de lamelles de truffe.

« BUVONS À LA TRUFFE NOIRE,
ET NE SOYONS PAS INGRATS
ELLE ASSURE LA VICTOIRE
DANS LES PLUS CHARMANTS COMBATS. »

« QUI DIT TRUFFE PRONONCE UN GRAND MOT QUI RÉVEILLE DES SOUVENIRS ÉROTIQUES ET GOURMANDS CHEZ LE SEXE PORTANT JUPE ET DES SOUVENIRS GOURMANDS ET ÉROTIQUES CHEZ LE SEXE PORTANT BARBE. »

BRILLAT-SAVARIN

«QUAND JE MANGE DES TRUFFES, JE DEVIENS PLUS VIF, PLUS DISPOS, PLUS GAI. J'ÉPROUVE INTÉRIEUREMENT, SURTOUT DANS MES VEINES, UNE CHALEUR DOUCE, VOLUPTUEUSE, QUI NE TARDE PAS À SE COMMUNIQUER À MA TÊTE.»

ALEXANDRE DUMAS

Ce plat se prépare juste avant de se mettre à table.

POISSON
À LA BRÉSILIENNE

Préparation : **20 min**

Marinade : **10 m**

Cuisson : **30 min**

Moyen

1 citron

1 gousse d'ail

400 g de filets de poisson à chair blanche (cabillaud, merlan…)

Tabasco

1 petit oignon

1 tomate

1 bouquet de coriandre

2 cuillerées à soupe d'huile de palme

1 petit morceau de gingembre frais de 1 cm

10 g de crevettes séchées

25 g de cacahuètes grillées

25 g de noix de cajou grillées

1 tasse de mie de pain

25 cl de lait de coco

1 pincée de noix muscade râpée

Sel, poivre du moulin

♥ Coupez le citron en deux. Pressez-en une moitié dans une terrine. Épluchez l'ail. Pilez-le au mortier, ou pressez-le au presse-ail. Ajoutez les filets de poisson et quelques gouttes de Tabasco. Salez et poivrez. Laissez mariner pendant environ 10 minutes.

♥ Épluchez l'oignon et coupez-le en rondelles. Mettez la tomate quelques secondes dans l'eau bouillante pour la peler plus facilement. Épépinez-la et coupez-la en morceaux. Hachez la coriandre. Pressez l'autre moitié du citron. Sortez le poisson de la marinade et réservez. Coupez le poisson en morceaux et ôtez les arêtes restantes.

♥ Mettez tous ces ingrédients dans une casserole. Salez et poivrez. Arrosez avec 1 cuillerée à soupe d'huile de palme. Couvrez et laissez cuire pendant 20 minutes sur feu doux. Pendant ce temps, épluchez le gingembre et émincez-le finement. Une fois que le poisson est cuit, récupérez le jus de cuisson et mixez-le avec les crevettes, les cacahuètes, les noix de cajou et le gingembre.

♥ Mettez la mie de pain dans la terrine et versez-y la préparation mixée par-dessus. Dans la casserole, mélangez le poisson, le lait de coco, la noix muscade et le reste d'huile de palme. Laissez mijoter pendant 5 minutes sur feu très doux, puis ajoutez le contenu de la terrine et laissez mijoter le tout encore 5 minutes à feu doux. La préparation doit avoir la consistance d'une purée épaisse. Rectifiez l'assaisonnement.

♥ Servez très chaud dans la terrine avec un muscadet-sur-lie bien frais et une petite salade aux herbes folles.

Ce plat se prépare à l'avance.

CALAMARS DES **MILLE ET UNE NUITS**

Préparation : **45 min**

Cuisson : **1 h**

Difficile

- 4 calamars
- 15 cl de bouillon de légumes
- 15 g de raisins secs
- 1 oignon
- 1 gousse d'ail
- 1 petite carotte
- 25 g de beurre
- 60 g de riz sauvage
- 2 cuillerées à soupe de coriandre ciselée
- 60 g de pignons
- 1 cuillerée à soupe d'huile d'olive
- 8 cl de vin blanc
- 1 bonne cuillerée à café de concentré de tomate
- 1 petit bâton de cannelle
- Sel, poivre du moulin

♥ Nettoyez les calamars. Séparez la tête du corps. Ôtez la membrane de la poche, puis le cartilage.
Coupez les tentacules au ras des yeux. Retournez-les, retirez le bec et l'œil. Rincez et essuyez les poches et les tentacules. Réservez-les.

♥ Préparez votre bouillon de légumes. (Vous pouvez également le prendre en sachet tout prêt, c'est aussi bon.)
Mettez les raisins secs dans un bol d'eau froide. Épluchez l'oignon et l'ail. Pelez la carotte. Émincez-les.

♥ Dans une sauteuse, faites fondre 15 g de beurre et dorer la moitié de l'oignon et l'ail pendant 5 minutes. Ajoutez le riz et remuez jusqu'à ce qu'il soit translucide. Versez le bouillon, couvrez aux trois quarts et laissez cuire sur feu doux, à découvert, jusqu'à absorption de tout le liquide.

♥ Incorporez le reste du beurre, les raisins égouttés, 1 cuillerée à soupe de coriandre ciselée et 30 g de pignons. Mélangez bien. Farcissez les poches de calamars avec du riz, fermez-les avec une pique en bois. Gardez-les au chaud.

♥ Dans une cocotte, faites chauffer l'huile et faites revenir le demi-oignon restant et la carotte émincés pendant 10 minutes. Déposez les calamars par-dessus. Versez le vin blanc avec autant d'eau, ajoutez le concentré de tomate, le reste de pignons et la cannelle. Salez et poivrez. Laissez mijoter à couvert pendant 35 à 40 minutes.

♥ Dressez les calamars sur un plat de service chaud et nappez-les de sauce. Servez parsemé du reste de coriandre.

Ce plat proposé par Catherine se prépare à l'avance. Il faut faire mariner le rôt pendant 2 heures.

RÔTI DE PORC
À LA CRÉOLE

Préparation : **1 h**

Marinade : **2 h**

Cuisson : **1 h**

Difficile

- 1 rôti d'échine de porc de 400 g
- 1 petit verre de vieux rhum ambré
- 1 cuillerée à soupe de mélange quatre-épices
- 1 gros oignon
- 1 gousse d'ail écrasée
- 2 tomates
- 1 cuillerée à soupe d'huile de tournesol
- 1 bâton de cannelle
- 1 clou de girofle
- 1 cuillerée à café de gingembre frais râpé
- 1 feuille de laurier
- 1 branche de thym
- 1/2 cuillerée à café de sucre en poudre
- 20 cl de bouillon de volaille
- 2 bananes mûres
- Beurre
- Sel, poivre

♥ Badigeonnez le rôti d'un peu de rhum et frottez-le de quatre-épices sur toutes ses faces. Enveloppez-le dans un film alimentaire et réservez-le au réfrigérateur pendant au moins 2 heures.

♥ Pendant ce temps, préparez le gratin. Faites cuire à l'eau les patates douces en robe des champs.
Pelez-les, écrasez-les à la fourchette pour obtenir une purée. Incorporez la crème fraîche et de la noix muscade râpée selon votre goût. Salez et poivrez.

♥ Beurrez un plat à gratin, versez-y la purée recouverte d'un peu de gruyère et d'une noix de beurre. Réservez. Vous ferez le gratin au four dans les 20 dernières minutes de la cuisson du porc.

♥ Épluchez l'oignon et l'ail. Émincez-les. Plongez les tomates quelques secondes dans de l'eau bouillante, puis pelez-les. Épépinez-les et coupez-les en morceaux. Pelez et râpez le gingembre.

♥ Dans une cocotte allant au four, faites chauffer 1 cuillerée à soupe d'huile et mettez à blondir l'oignon quelques minutes. Sortez votre rôti du réfrigérateur. Ôtez le film alimentaire. Écartez l'oignon sur les bords de la cocotte et placez le rôti au milieu. Faites-le revenir sur chaque face, versez le rhum et faites flamber.

Aux Antilles, le bois bandé est utilisé en infusion. Vous pouvez aussi râper l'écorce et la faire tremper dans du rhum pendant plusieurs heures. Filtrez, et utilisez ce rhum pour le punch antillais.

Pour le gratin :

2 patates douces à chair orangée (400 g)

1 cuillerée à soupe de crème fraîche

Noix muscade râpée

Beurre

50 g de gruyère râpé

Sel, poivre

♥ Faites préchauffer votre four à 200 °C (thermostat 7).

♥ Ôtez la cocotte du feu, ajoutez les tomates concassées, l'ail, le bâton de cannelle, le clou de girofle, le gingembre, la feuille de laurier, le thym et le sucre. Salez et poivrez. Mélangez. Remettez la cocotte sur le feu et laissez mijoter pendant 10 minutes, puis ajoutez le bouillon et arrosez le rôti.

♥ Après 5 à 10 minutes de mijotage, mettez le plat au four pendant 45 à 50 minutes. Pendant la cuisson, retournez votre rôti et arrosez-le de son jus. Le jus de cuisson doit réduire et épaissir un peu. Après 25 minutes de cuisson, enfournez le gratin de patates douces.

♥ À la fin de la cuisson, éteignez, ouvrez la porte et laissez reposer pendant 10 minutes. Pendant ce temps, pelez les bananes, coupez-les en rondelles, faites fondre une noisette de beurre dans une poêle et faites dorer.

♥ Coupez le rôti en tranches, mettez une ou deux tranches sur les assiettes, nappez avec la sauce.
Disposez autour un peu de gratin et les bananes dorées.

Il ressort de l'étude pharmacodynamique que la drogue tirée de l'écorce séchée du *Richeria grandis*, bois bandé ou bois marbre, ne possède aucune toxicité mais a des vertus aphrodisiaques indubitables.

Ce plat se prépare à l'avance.

RISOTTO DE FOIE GRAS AUX TRUFFES
ET AUX LANGOUSTINES

Préparation : **1 h**

Cuisson : **30 min**

Difficile

- 1/4 d'oignon
- 1/2 tomate
- 25 g de lentins de chêne (ou de champignons de Paris)
- 30 g de magret de canard fumé avec son gras
- 8 grosses langoustines
- 2 cuillerées à café de graisse d'oie
- 25 cl de bouillon de volaille
- 15 g de foie gras écrasé en purée
- 125 g de riz
- 80 g de foie gras frais
- 20 g de truffes
- 100 g de girolles
- 1 cuillerée à café d'huile
- 2,5 cl de jus de truffe
- 20 g de beurre
- Cerfeuil
- Sel, poivre du moulin

♥ Faites préchauffer votre four à 180 °C (thermostat 6).

♥ Épluchez l'oignon et émincez-le. Pelez la tomate préalablement ébouillantée pendant quelques secondes. Épépinez-la et coupez-la en petits dés. Pelez les champignons. Ôtez la queue et coupez les chapeaux en petits dés.

♥ Coupez le magret fumé en tranches fines en gardant le gras, puis en petits dés. Décortiquez les langoustines en réservant les queues.

♥ Dans une sauteuse, faites fondre 1 cuillerée à café de graisse d'oie et faites revenir les têtes et les pinces des langoustines. Mouillez avec le bouillon et laissez cuire pendant 5 minutes à feu vif. Passez au chinois et mixez ce consommé avec la purée de foie gras. Réservez.

♥ Dans une sauteuse allant au four, faites revenir l'oignon dans 1 cuillerée à café de graisse d'oie, sans laisser colorer, jusqu'à ce qu'il soit translucide. Ajoutez le magret de canard et les champignons. Laissez compoter le tout pendant quelques minutes sur feu très doux (attention de ne pas faire brûler l'oignon).

♥ Ajoutez la tomate et le riz. Mélangez et mouillez avec 20 cl du consommé aux langoustines. Réservez le reste pour la sauce. Couvrez. Laissez cuire sur feu doux pendant 9 minutes.

♥ Achevez la cuisson du riz dans le four pendant 9 minutes à 180 °C (thermostat 6), en intercalant une feuille d'aluminium sous le couvercle. Coupez le foie gras en tranches de 0,5 cm d'épaisseur. Salez et poivrez. Réservez au réfrigérateur.

♥ Coupez 4 belles rondelles dans les truffes, hachez le reste très finement pour la sauce. Gardez le jus. Nettoyez les girolles sans les faire tremper et faites-les blanchir à l'eau bouillante salée. Au premier bouillon de reprise, égouttez-les. Faites sauter rapidement les girolles à la poêle avec l'huile. Réservez au chaud.

♥ Faites chauffer sur feu vif une poêle à revêtement anti-adhésif (légèrement huilée au papier absorbant). Faites-y cuire les queues de langoustines et les escalopes de foie gras pendant 30 secondes de chaque côté. Réservez au chaud.

♥ Versez le jus de truffe dans une casserole avec la truffe hachée, laissez réduire presque à sec. Déglacez avec le consommé aux langoustines que vous avez réservé. Au premier bouillon, incorporez le beurre en parcelles en mélangeant sans cesse. Donnez juste une petite ébullition. Rectifiez l'assaisonnement.

♥ Posez sur chaque assiette un peu de risotto en tassant avec le dos d'une cuillère. Coupez les escalopes de foie gras en lamelles et posez-les sur le risotto en intercalant quelques langoustines. Posez les rondelles de truffe au centre et versez la sauce autour. Garnissez avec les girolles. Décorez avec du cerfeuil.

TAJINE DE VEAU
AU POTIMARRON ET AUX ÉPICES

CE PLAT SE PRÉPARE À L'AVANCE.

Préparation : **20 min**

Cuisson : **1 h 10**

Facile

- 500 g de potimarron
- 2 beaux oignons
- 1 cuillerée à soupe d'huile d'arachide
- 10 g de beurre
- 1/2 jarret de veau coupé en tranches
- 1 dosette de safran en poudre
- 1 pincée de gingembre en poudre
- 1 pincée de noix muscade râpée
- Graine de couscous en sachet (ou 200 g en vrac)
- 125 g de raisins de corinthe
- Sel, poivre du moulin

♥ Retirez l'écorce et les graines du potimarron. Coupez la chair en cubes. Épluchez et émincez très finement les oignons.

♥ Dans une cocotte, faites chauffer le mélange huile et beurre. Faites-y roussir les morceaux de jarret, puis retirez-les. À leur place, faites sauter les cubes de potimarron. Lorsqu'ils sont dorés, retirez-les et réservez au chaud.

♥ Dans la même cocotte, faites fondre les oignons sur feu doux. Lorsqu'ils sont transparents, remettez la viande, ajoutez le safran en poudre, le gingembre et la noix muscade. Salez et poivrez. Couvrez la cocotte et laissez cuire doucement pendant 30 minutes.

♥ À la fin de la cuisson, ajoutez le potimarron et poursuivez la cuisson pendant 30 minutes. Pendant ce temps, faites gonfler les raisins secs dans un bol d'eau bouillante.

♥ Au moment de servir, faites bouillir de l'eau et plongez-y les sachets de graine de couscous pendant 1 min 30. Égouttez les sachets, ouvrez-les, ajoutez une noisette de beurre et les raisins secs égouttés. Mélangez bien. Salez et poivrez. Servez aussitôt la viande accompagnée du couscous.

♥ Servez avec un beaujolais village bien frais.

Ce plat se prépare à l'avance.

TAJINE D'AGNEAU
AUX PRUNEAUX ET AUX AMANDES

Préparation : **30 min**

Marinade : **30 min**

Cuisson : **1 h 30**

Facile

1 1/2 gousse d'ail
500 g d'épaule d'agneau désossée et coupée en morceaux
2 1/2 cuillerées d'huile d'olive
1 cuillerée à café de curcuma
1/2 cuillerée à café de cannelle en poudre
1 cuillerée à café de cumin
2 oignons
1/2 bouquet de coriandre
180 g de pruneaux
75 g d'amandes émondées
3 cuillerées à café de miel
Sel, poivre

♥ Épluchez la gousse d'ail. Hachez-la. Dans un plat creux, mettez les morceaux d'agneau. Ajoutez l'huile d'olive, l'ail et les différentes épices. Mélangez bien et couvrez. Laissez mariner pendant 30 minutes.

♥ Pendant ce temps, épluchez l'oignon et émincez-le. Lavez la coriandre et hachez-la. Après le temps de marinade, égouttez la viande en l'essuyant avec du papier absorbant. Réservez la marinade.

♥ Dans un faitout, faites revenir la viande jusqu'à ce qu'elle soit légèrement dorée. Salez et poivrez. Ajoutez les oignons émincés et faites-les revenir pendant 4 minutes. Versez la marinade, puis l'eau. Ajoutez la coriandre. Couvrez et laissez mijoter pendant 1 h 15 sur feu doux.

♥ Pendant ce temps, faites tremper les pruneaux dans un bol avec 25 cl d'eau tiède ou de thé. Dans une poêle, mettez les amandes à griller sans matières grasses.

♥ Lorsque la viande est cuite, ajoutez les pruneaux et le miel dans le faitout. Poursuivez la cuisson pendant 10 à 15 minutes sans couvrir pour que le jus devienne sirupeux.

♥ Au dernier moment, ajoutez les amandes grillées. Retirez la coriandre. Rectifiez l'assaisonnement. Servez dans un plat à tajine ou un autre plat creux en terre préalablement réchauffé.

♥ Servez avec un vin corse (patrimonio ou cap corse).

Ce plat se prépare à l'avance.

LOTTE
AUX PARFUMS DES ÎLES

Préparation : **40 min**

Cuisson : **30 min**

Moyen

600 g de lotte

20 g de gingembre frais

1 petit piment séché d'Espelette

1 cuillerée à café de cardamome blanche

1 cuillerée à café de citronnelle séchée (mélisse)

1 cuillerée à soupe de curry en poudre

1 cuillerée à café de cumin en poudre

1 cuillerée à café de cannelle en poudre

3 petites échalotes

2 cuillerées à soupe d'huile d'olive

20 cl de lait de coco

♥ Demandez à votre poissonnier de vous donner la partie la plus épaisse de la lotte, de l'éplucher, d'ôter les arêtes et de la couper en quatre tranches.

♥ Pelez le gingembre et émincez-le finement. Retirez les graines du piment et de la cardamome, mettez-les dans un mortier avec la citronnelle et pilez. Mettez le mélange dans une poêle à revêtement antiadhésif avec le curry, le gingembre, le cumin et la cannelle. Faites revenir sur feu moyen. Dès que le mélange commence à fumer, ôtez du feu.

♥ Épluchez les échalotes et émincez-les. Faites-les fondre dans une sauteuse avec 1 cuillerée à soupe d'huile pendant 5 minutes sur feu moyen. Ajoutez le mélange d'épices, le lait de coco et le yaourt en tournant. Réservez au chaud.

♥ Décortiquez les crevettes. Faites chauffer l'huile restante dans une grande poêle et faites dorer les tranches de lotte. Sortez-les de la poêle et incorporez-les au mélange d'épices au yaourt. Réservez.

- 375 g de yaourt
- 9 grosses crevettes cuites
- 40 g de pignons de pin
- 250 g de riz basmati
- 1/2 citron vert
- 2 kiwis jaunes
- 1 petit ananas
- 1 papaye
- 1 banane
- 1 mangue
- 1 cuillerée à soupe de sésame noir
- 50 g de noix de coco râpée
- 1 bocal de chutney épicé à la mangue
- 1 bocal de chutney doux à la mangue
- Sel, poivre

♥ Dans une poêle, faites dorer les pignons à sec pendant quelques secondes.

♥ Faites cuire le riz, versez-le dans un plat et saupoudrez-le de sésame. Réservez-le au chaud dans le four. Pendant ce temps, épluchez les fruits et pressez le citron. Coupez la banane en rondelles et arrosez-la du jus de citron. Coupez les autres fruits en petits dés. Au moment de servir, ajoutez les crevettes à la lotte au yaourt. Faites réchauffer doucement. Ajoutez les pignons.

♥ Mettez le mélange dans un plat de service. Soupoudrez de noix de coco. Entourez avec le riz. Présentez les fruits dans des coupelles et servez avec les chutneys.

Ce plat se prépare à l'avance, la veille ou le matin du dîner.

Souris d'agneau au cumin,
artichauts et fèves

Préparation : **15 min**

Cuisson : **1 h 30**

Facile

- 3 cuillerées à soupe d'huile d'olive
- 2 souris d'agneau surgelées
- 1 gousse d'ail
- 10 cl de vin blanc
- 250 g de tomates pelées surgelées
- 1 cuillerée à soupe de cumin
- 300 g de cœurs d'artichauts surgelés
- 125 g de fèves surgelées
- Coriandre (fraîche ou surgelée)
- Sel, poivre du moulin

♥ Faites chauffer 2 cuillerées d'huile dans une cocotte. Lorsqu'elle est bien chaude, mettez les souris encore surgelées. Faites-les dorer de tous côtés sur feu vif.

♥ Pendant ce temps, épluchez la gousse d'ail, coupez-la en quatre en ôtant le germe. Versez sur vos souris dorées le vin blanc (ou la même quantité d'eau si vous n'en avez pas). Ajoutez les tomates, l'ail et le cumin. Salez légèrement. Couvrez, baissez le feu et laissez mijoter pendant 1 h 30. Cette préparation peut être faite la veille ou le matin du dîner.

♥ 30 minutes avant de servir, faites dorer les cœurs d'artichauts encore surgelés dans une poêle avec l'huile. Ajoutez 5 cl d'eau. Salez, couvrez et laissez cuire pendant environ 12 minutes.

♥ Parallèlement, ébouillantez les fèves surgelées pendant 3 minutes (si vous en avez le courage, débarrassez-les de leur peau). Si la coriandre est fraîche, lavez-la et émincez-la. Ajoutez les artichauts et les fèves dans la cocotte 5 minutes avant la fin de la cuisson de l'agneau.

♥ Si vous avez préparé le plat la veille, faites-le réchauffer et laissez mijoter 5 minutes. Vérifiez l'assaisonnement et parsemez de coriandre hachée.

Conseil : Si vous êtes débordé(e) et que vous n'avez absolument pas le temps de faire les courses à plusieurs endroits, précipitez-vous chez votre marchand de surgelés, vous y trouverez tous ces produits, et vous aurez quand même fait la cuisine !
Quant aux fèves, cuites à l'eau avec de la sarriette et un peu de crème fraîche, elles sont délicieuses !

Ce plat se prépare à l'avance.

POULET **À LA TRUFFE**

Préparation : **30 min**

Cuisson : **2 h**

Difficile

25 cl de bouillon de volaille
20 g de beurre
20 g de farine
2 belles cuisses de poulet
1 gros oignon
60 g de truffe noire (fraîche ou en conserve, entière ou en morceaux)
1 cuillerée à soupe d'huile d'olive
15 cl de vin blanc sec
Sel, poivre

♥ Faites préchauffer votre four à 180 °C (thermostat 6).

♥ Faites chauffer le bouillon de volaille jusqu'à ébullition pour obtenir un velouté. Préparez un roux bien mousseux : dans une casserole, fouettez pendant 1 à 2 minutes le beurre fondu avec la farine sur feu très doux. Laissez refroidir.

♥ Versez le velouté de volaille sur le roux en fouettant pour éviter les grumeaux. Portez à ébullition pour épaissir. Baissez le feu et laissez mijoter sur feu très doux pendant au moins 15 minutes.

♥ Salez et poivrez vos cuisses de poulet. Dans un plat allant au four, faites-les rôtir pendant 10 minutes à 220 °C (thermostat 8). Pendant la cuisson, épluchez et hachez l'oignon et coupez les truffes en fines lamelles.

♥ Faites chauffer l'huile d'olive et faites dorer les oignons. Ajoutez 15 g de truffes. Mouillez avec le vin et laissez réduire de moitié. Ajoutez les morceaux de poulet, le velouté et le restant de truffes coupées en lamelles.

♥ Poursuivez la cuisson sur feu doux pendant environ 45 minutes (cela dépend de la grosseur des cuisses). Dégustez avec des pâtes fraîches ou des pommes vapeur.

♥ Vin conseillé : un pinot noir de conca de barberà.

Gallien, médecin grec du IIe siècle écrivait : « La truffe produit une excitation générale, qui dispose à la volupté. »

Ce plat proposé par Rémi se prépare à la toute dernière minute.

CUISSES DE GRENOUILLE SAUTÉES

Préparation : **10 min**

Cuisson : **12 min**

Facile

500 g de cuisses de grenouille fraîches (ou surgelées)

Farine

150 g de beurre

2 gousses d'ail finement hachées

25 g de persil finement haché

1 citron

Sel, poivre du moulin

♥ Rincez vos cuisses de grenouille à l'eau fraîche. Séchez-les puis farinez-les légèrement. Dans une poêle chaude, faites fondre 125 g de beurre sur feu vif. Faites-y dorer les grenouilles 5 minutes de chaque côté.

♥ Retirez les cuisses de grenouille de la poêle et égouttez-les. Juste avant de servir, remettez-les à la poêle avec le reste du beurre frais.

♥ Faites une persillade : lavez le persil, émincez-le sans les queues. Épluchez l'ail, pressez-le au presse-ail. Mélangez l'ail et le persil.

♥ Salez et poivrez. Ajoutez la persillade et le jus de citron. Laissez mijoter quelques minutes. Servez chaud avec des pommes vapeur.

♥ Dégustez en compagnie d'un vin de bugey.

Les cuisses de grenouille contiennent de la cantharidine, substance identique à celle de la mouche cantharide réputée aphrodisiaque puissant. La cantharidine, en petite quantité, assurerait des érections prolongées…

Ce plat se prépare à l'avance.

POMMES DE TERRE CONFITES AU SAFRAN

Préparation : **15 min**

Cuisson : **40 min**

Facile

1 dose de safran en filaments

500 g de pommes de terre (BF 15 ou belle de Fontenay)

2 oignons moyens

1 cuillerée à soupe d'huile d'olive

1 feuille de laurier

1 cuillerée à soupe de jus de citron

Sel, poivre

♥ Faites macérer les filaments de safran dans 5 à 8 cl d'eau tiède. Pelez les pommes de terre et coupez-les en quatre quartiers.

♥ Épluchez et émincez les oignons. Faites chauffer de l'huile dans une sauteuse, ajoutez les oignons, faites dorer pendant 3 minutes en remuant.

♥ Ajoutez les pommes de terre. Mélangez, puis versez l'eau safranée. Incorporez la feuille de laurier. Salez et couvrez. Laissez cuire sur feu doux pendant 30 minutes en mélangeant délicatement.

♥ Arrosez du jus de citron. Poivrez et mélangez de nouveau. Poursuivez la cuisson à découvert pour éliminer le restant du jus. Servez avec un poisson (lotte ou cabillaud).

Cette préparation de dernière minute peut également se faire avec des écrevisses.

GAMBAS FLAMBÉES
AU VIEUX RHUM

Préparation : **15 min**

Cuisson : **7 à 8 min**

Facile

- 10 gousses d'ail
- 3 tiges de cive
- 1 citron bien mûr
- 1/2 citron vert
- 2 gousses de vanille
- 10 cl d'huile d'olive
- 12 gambas ou écrevisses
- 10 cl de vieux rhum
- 1 petit piment
- Sel, poivre

♥ Épluchez l'ail et émincez-le. Émincez la cive et coupez-la en tout petits morceaux. Pressez les citrons. Fendez les gousses de vanille dans le sens de la longueur et grattez les petites graines avec une lame de couteau.

♥ Dans une poêle, faites chauffer 5 cl d'huile d'olive et faites-y rougir les gambas sur les deux faces. Une fois qu'elles sont uniformément rouges, salez et poivrez. Faites flamber avec 5 cl de vieux rhum.

♥ Enlevez les gambas de la poêle, gardez-les au chaud. Dans la même poêle, sans jeter le jus de cuisson, faites réduire pendant 3 à 4 minutes l'ail et la cive sur feu moyen.

♥ Ajoutez les gousses de vanille fendues, leurs graines, le petit piment haché, le jus des citrons, 5 cl d'huile d'olive et le reste de rhum.

♥ Faites réduire de moitié cette préparation et faites réchauffer les gambas dedans. Servez-les, nappées de sauce, avec un riz sauvage.

L'ail contient de l'allicine, molécule qui fluidifie le sang, favorisant par là l'érection.

Ce plat se prépare
1 heure avant le repas.

MON P'TIT LOUP
À LA MENTHE

Préparation : **20 min**

Cuisson : **35 min**

Moyen

150 g d'oignons

5 cl d'huile

1/2 cuillerée à café de sel

1 petite cuillerée à café de gingembre en poudre

1/2 cuillerée à café de poivre

3 œufs

4 feuilles de menthe très fraîche

1 loup de 1 kg

♥ Épluchez et hachez finement 100 g d'oignons, puis faites-les revenir dans 1 cuillerée à soupe d'huile avec le sel, le gingembre et le poivre.

♥ Lorsque les oignons sont dorés, cassez les œufs dessus et mélangez rapidement. Dès que les œufs commencent à cuire, ôtez du feu. Incorporez à cette farce les feuilles de menthe hachées très finement.

♥ Nettoyez le poisson, ouvrez-le dans le sens de la longueur, lavez-le et essuyez-le. (Vous pouvez aussi demander à votre poissonnier de préparer le loup et d'enlever l'arête centrale en laissant le poisson entier pour le farcir.)

♥ Faites préchauffer votre four à 180 °C (thermostat 6).

♥ Farcissez votre poisson et cousez-le solidement avec du fil assez gros. Placez-le délicatement dans un plat huilé allant au four avec 50 g d'oignons et un bol d'eau. Faites cuire au four pendant 30 minutes environ.

Cette recette proposée par Christian se prépare à l'avance.

FEUILLETÉ DE FRIVOLITÉS
AUX ASPERGES VERTES

Préparation : **30 min**

Cuisson : **35 min**

Difficile

- Pâte feuilletée épaisse surgelée
- Beurre
- 12 asperges vertes (fraîches ou surgelées)
- 3 rognons blancs (testicules de mouton)
- 1/4 de noix muscade râpée
- 1/2 cuillerée à café en tout de poivre noir du moulin et de poivre du Sichuan moulu
- 1 cuillerée à café de fond de veau déshydraté
- 1 cuillerée à café de curry en poudre
- 12,5 cl de crème fraîche épaisse
- 1/2 verre de Noilly Prat
- 1 gousse d'ail hachée très fin
- 1 grosse cuillerée à soupe de persil haché
- Sel

♥ Laissez décongeler la pâte feuilletée et préparez-la ainsi : doublez-la jusqu'à une épaisseur d'environ 0,5 cm. Coupez deux rectangles de 12 x 6 cm.

♥ Faites préchauffer votre four à 180 °C (thermostat 6).

♥ Beurrez la plaque du four. Déposez-y les rectangles de pâte. Faites-les cuire au four pendant 15 à 20 minutes. (Le feuilletage doit avoir 5 à 6 cm d'épaisseur en fin de cuisson.) Détaillez chaque feuilletage en deux dans le sens de l'épaisseur, une partie servira de base, l'autre de couvercle. Réservez-les au chaud.

♥ Faites cuire les asperges vertes. Faites-les cuire dans de l'eau bouillante très salée pendant 4 à 6 minutes afin qu'elles soient légèrement croquantes. (Si vos asperges sont fraîches, n'oubliez pas de les éplucher.) Égouttez-les, laissez-les refroidir et séchez-les avec un papier absorbant.

♥ Coupez les rognons blancs en deux dans le sens de la longueur et détaillez-les en morceaux comme des frites. Dans une coupelle, mélangez la noix muscade râpée avec les deux poivres moulus.

« Ne faites pas aller et venir une asperge dans votre bouche en regardant languissamment le jeune homme que vous voulez séduire. »

PIERRE LOUŸS

♥ Faites fondre le fond de veau et le curry dans la crème fraîche épaisse. Mettez une poêle à chauffer avec un morceau de beurre. Salez les rognons et faites-les suer pendant 5 minutes dans la poêle afin qu'ils dégorgent leur eau. Égouttez-les et jetez la première eau de cuisson.

♥ Remettez la poêle sur feu vif, ajoutez 30 g de beurre et faites revenir les morceaux de rognons blancs égouttés jusqu'à ce qu'ils colorent doucement. Ajoutez alors le mélange de muscade et de poivres. Remuez délicatement, salez à nouveau et versez le Noilly Prat (donnez-lui juste un petit tour de bouillon, pendant 1 minute environ).

♥ Retirez les rognons et ajoutez au jus de la poêle le mélange de crème, de curry et de fond de veau. Laissez épaissir. Éteignez le feu et réservez au chaud.

♥ Sur chaque assiette chaude, dressez une base de feuilleté et recouvrez-la de la moitié des rognons. Disposez les asperges selon votre choix décoratif. Nappez de la sauce et ajoutez un mélange d'ail et de persil. Posez dessus le couvercle de feuilleté. Servez aussitôt.

♥ Dégustez avec un bon gewurztraminer bien frais.

Ce plat se prépare à l'avance.

LAPIN
À LA CITRONNELLE

Préparation : **20 min**

Cuisson : **1 h**

Moyen

- 1 petit oignon
- 1 petite carotte
- 2 tomates en grappe
- 100 g de beurre
- 8 tiges de citronnelle fraîche
- 2 belles cuisses de lapin
- 1 cube de bouillon de poule
- 5 tiges de persil plat
- 1 bouquet de basilic
- 1/2 citron
- 1 cuillerée à soupe d'huile d'olive
- 150 g de tagliatelles fraîches
- Sel

♥ Faites préchauffer votre four à 180 °C (thermostat 6).

♥ Épluchez l'oignon et la carotte et coupez-les en rondelles. Pelez les tomates en les plongeant préalablement dans de l'eau bouillante : la peau se détachera plus facilement. Réservez-les entières.

♥ Faites fondre une noisette de beurre dans une poêle et laissez dorer vos cuisses de lapin jusqu'à ce qu'elles obtiennent une couleur brune. Réservez.

♥ Faites bouillir 75 cl d'eau. Éteignez le feu et laissez infuser les tiges de citronnelle entières pendant 5 minutes. Retirez les quatre plus belles tiges et nouez-les autour des cuisses de lapin.

♥ Pressez dans l'infusion de citronnelle les tomates coupées en deux afin qu'elles rendent leur jus et leurs pépins.

♥ Coupez les tomates pressées en dés. Réservez. Incorporez à l'infusion de citronnelle l'oignon, la carotte, le cube de bouillon de poule et le persil.

♥ Disposez les deux cuisses de lapin dans un plat allant au four. Versez dessus l'infusion de citronnelle, couvrez avec une feuille de papier sulfurisé et laissez cuire au four à 180 °C (thermostat 6) pendant 1 heure.

♥ Pendant la cuisson, lavez le basilic et hachez-le. Réservez. À la fin de la cuisson, réservez votre lapin au chaud, passez le jus de cuisson au chinois et faites-le réduire jusqu'à obtenir une consistance sirupeuse. Ajoutez le jus de citron et 50 g de beurre. Mixez et réservez la sauce.

♥ Faites chauffer une grande quantité d'eau salée avec l'huile d'olive, 10 minutes avant la fin de la cuisson du lapin. Portez à ébullition et faites cuire les pâtes al dente. Égouttez-les, assaisonnez-les, ajoutez le restant de beurre, le basilic haché et les dés de tomates.

♥ Dressez le lapin sur les assiettes et nappez-le de sauce. Accompagnez avec les tagliatelles fraîches.

Ce plat se prépare à la dernière minute

RIZ FOUGUEUX
AUX ÉPICES

Préparation : **15 min**

Cuisson : **20 min**

Facile

- 350 g de riz basmati
- 5 cl d'huile d'olive
- 1 gros oignon pelé et émincé en rondelles fines
- 2 gousses d'ail pelées et coupées en lamelles fines
- 1 morceau de gingembre de 8 cm
- 8 clous de girofle
- 8 cosses de cardamome
- 1 bâton de cannelle de 5 cm
- 1 cuillerée à café de curcuma
- 1 cuillerée à café de grains de poivre noir
- 1 cuillerée à café de garam massala
- 1/2 cuillerée à café de sel
- 75 cl de bouillon de volaille
- 50 g de raisins de Smyrne (ou 25 g d'amandes effilées)

♥ Lavez bien le riz à l'eau froide. Faites chauffer l'huile d'olive dans une grande cocotte et revenir l'oignon et l'ail pendant 4 minutes sur feu doux.

♥ Pelez le gingembre et coupez-le en petites lanières. Ajoutez-le dans la cocotte et faites-le revenir pendant 2 minutes. Ajoutez les clous de girofle, la cardamome, la cannelle et tournez pendant 1 minute.

♥ Ajoutez le curcuma, le poivre, le garam massala, le sel et tournez pendant 2 minutes. Incorporez le riz, tournez pour qu'il soit bien enrobé et versez le bouillon de volaille.

♥ Portez à ébullition et laissez cuire sur feu doux sans couvrir, pendant 11 minutes. (Ajoutez du bouillon si nécessaire.)

♥ Égouttez le riz, disposez-le sur le plat de service et répartissez dessus les raisins ou les amandes. Servez aussitôt.

♥ Vous pouvez décorer votre plat avec des rondelles de tomates et d'œufs durs.

Depuis l'Antiquité, l'amande est considérée comme le fruit de l'amour et du plaisir. Les Arabes lui attribuent des vertus aphrodisiaques. Ils disent que, mélangée au sucre, elle renforce la dureté de la verge et augmente la production de sperme.

La cardamome est également appelée « graine de Paradis ». On raconte que Sémiramis, reine mythique, réconfortait ses amants surmenés avec du vin de cardamome.

Pierre Poivre, trompant la vigilance des Hollandais, déroba des muscadiers et des girofliers dans l'île de Banda (sic), et les ramena en France…

Ce plat se prépare à la dernière minute.

NASI MEMAK

Préparation : **20 min**

Cuisson : **15 min**

Facile

- 200 g de riz thaï
- 500 g de crevettes crues
- 2 échalotes
- 1 gousse d'ail
- 1 morceau de gingembre (selon le goût de chacun)
- 1 poireau
- 1 piment vert doux (style Maghreb)
- 1 cuillerée à soupe d'huile d'olive
- 3 cuillerées à soupe de sauce soja
- 1 bouquet de coriandre
- 1 tomate (facultatif)
- 1/2 concombre (facultatif)
- Sel, poivre

♥ Faites cuire le riz à petits bouillons à découvert pendant 11 minutes. Égouttez. Réservez. Décortiquez les crevettes. Réservez-les.

♥ Épluchez les échalotes, l'ail et le gingembre. Parez le poireau. Coupez le piment en deux et enlevez les graines. Émincez les échalotes et le gingembre. Écrasez l'ail. Coupez le poireau en rondelles, hachez le piment et la coriandre.

♥ Dans une poêle, faites chauffer l'huile d'olive et faites dorer les échalotes avec l'ail, le gingembre et le poireau. Ajoutez le riz déjà cuit et remuez pendant 2 minutes sur feu vif. Incorporez les crevettes et laissez cuire pendant 2 minutes. Mélangez. Surveillez. Baissez le feu si nécessaire.

♥ Arrosez le tout avec la sauce soja. Assaisonnez selon votre goût. Parsemez de hachis de piment et de coriandre. Servez si vous le désirez avec des petits morceaux de tomates et de concombre épépinés et coupés en dés.

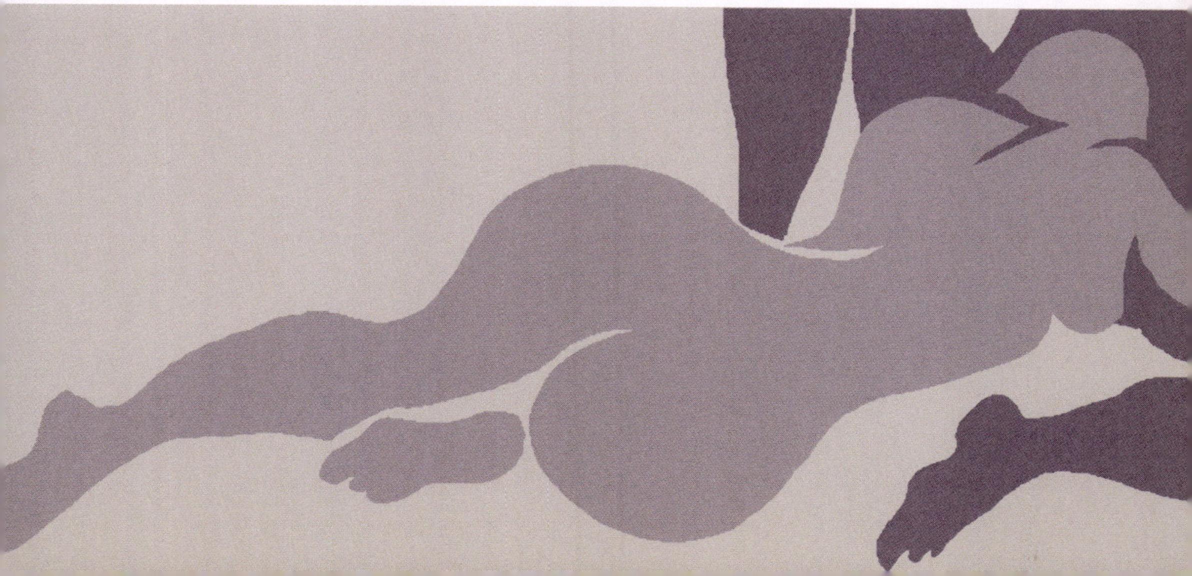

Cette recette se prépare le soir même.

CAPRICE DE SAINT-JACQUES
AUX TRUFFES

Préparation : **45 min**

Cuisson : **4 min**

Difficile

- 12 coquilles Saint-Jacques entières
- 1 échalote
- 2 poireaux
- 80 g de truffe fraîche
- 150 g de beurre
- 10 cl de vin d'alsace sec (edelwicker)
- 30 cl de fumet de poisson réalisé avec du fond de poisson déshydraté
- 160 g de pâte à pain de campagne (à commander chez le boulanger)

♥ Demandez à votre poissonnier de vous préparer les noix de Saint-Jacques. Gardez les coquilles. A la maison, vérifiez qu'il ne reste pas de sable dans les noix.

♥ Épluchez et émincez l'échalote. Parez les poireaux, puis nettoyez-les soigneusement et émincez-les en julienne. Nettoyez les truffes et taillez 24 tranches de 1 mm d'épaisseur. Hachez ce qui reste. Préparez le fumet de poisson et réservez.

♥ Séparez les noix du corail. Dans une casserole, faites fondre 50 g de beurre et faites-y cuire les noix sans qu'elles dorent, pendant 5 minutes sur feu doux. Ajoutez l'échalote et laissez cuire 5 minutes sur feu doux. Déglacez avec le vin blanc et laissez réduire aux trois quarts. Versez le fumet de poisson et faites réduire aux deux tiers.

♥ Pendant ce temps, faites bouillir de l'eau dans une casserole et plongez-y les poireaux pendant 3 minutes. Égouttez-les. Sortez vos noix de Saint-Jacques de la casserole avec une écumoire. Réservez le tout.

♥ Préchauffez votre four à 220 °C (thermostat 8).

♥ Beurrez le fond des 4 coquilles Saint-Jacques. Dans chacune, disposez 3 lamelles de truffe, puis 3 noix de Saint-Jacques. Salez et poivrez. Recouvrez avec 3 lamelles de truffe. Ajoutez 1 cuillerée à soupe de fumet de Saint-Jacques.

♥ Mélangez 20 g de truffes hachées dans la pâte à pain. Fermez les coquilles avec leur couvercle et scellez-les avec la pâte. Laissez reposer 10 minutes à température ambiante, puis enfournez pendant 4 minutes.

♥ Faites réchauffer le restant de fumet de Saint-Jacques et fouettez-le bouillant avec 50 g de beurre. Faites réchauffer la julienne de poireaux dans une petite poêle avec 20 g de beurre. Réservez.

♥ Au moment de servir, disposez les poireaux au centre des deux assiettes. Ouvrez les coquilles et sortez les noix. Gardez la pâte à pain. Posez les noix sur les poireaux et nappez de la sauce. Saupoudrez du restant de truffes hachées et décorez avec la pâte à pain.

Ce plat se prépare le jour même, en deux temps.

MAGRET DOUILLET AU MIEL ET À LA MOUTARDE

Préparation : **20 min**

Marinade : **2 h**

Cuisson : **35 min**

Moyen

- 1 cuillerée à café de miel liquide
- 1 cuillerée à café d'huile d'olive
- 2 cuillerées à soupe de moutarde forte
- 1 magret de canard
- 1 petit verre de bouillon de volaille
- 2 endives
- 1 cuillerée à café de jus d'orange
- 1 cuillerée à café de beurre
- 1 cuillerée à café de sucre en poudre
- 2 figues
- Sel, poivre du moulin

♥ Préparez la marinade : dans un plat creux, mélangez le miel, l'huile et la moutarde. Salez et poivrez. Ajoutez le magret. Couvrez le plat. Réservez pendant 2 heures au réfrigérateur en retournant le magret régulièrement.

♥ Préparez le bouillon de volaille. Sortez le magret et égouttez-le. Réservez la marinade. Tailladez la peau en croisillons et faites cuire dans une cocotte à découvert côté peau pendant 7 minutes sur feu vif, puis de l'autre côté pendant 5 minutes sur feu moyen. Laissez reposer pendant 2 à 3 minutes dans la cocotte couverte, hors du feu.

♥ Pendant ce temps, nettoyez les endives, coupez-les en deux. Dans un faitout, faites fondre le beurre et faites dorer les endives sur feu doux pendant 5 minutes. Versez un quart du verre de bouillon, puis le jus d'orange. Salez et poivrez. Faites cuire à couvert pendant 10 minutes sur feu doux.

♥ Découvrez la cocotte et mettez-la sur feu vif. Incorporez le sucre pour faire caraméliser les endives. Ôtez le magret de la cocotte. Réservez au chaud. Jetez le gras de la cocotte, ajoutez la marinade et le reste du bouillon. Faites déglacer sur feu vif les sucs de cuisson et laissez réduire la sauce pendant 5 minutes sur feu moyen. Surveillez.

♥ Coupez le magret en fines aiguillettes, dressez-les sur les assiettes avec les endives et nappez de la sauce. Décorez chacune des assiettes d'une figue coupée en quatre.

Cette recette proposée par Claire se prépare en deux temps.

THON
À LA JAVANAISE

Préparation : **20 min**

Cuisson : **11 min**

Facile

- 400 g de thon rouge frais en filets
- 2 gousses d'ail
- Gingembre japonais en pâte
- 1 bouquet de ciboulette
- 125 g de riz parfumé
- 10 graines de cardamome
- 1 gros oignon
- 1 cuillerée à soupe d'huile d'olive
- 12,5 cl d'huile de pépins de raisin
- Sel, poivre aux 5 baies roses
- Saké

♥ Coupez le thon en fines lamelles de la grosseur d'une bouchée. Disposez ces lamelles sans qu'elles se superposent sur les assiettes de service. Épluchez l'ail et écrasez-le au presse-ail après en avoir ôté le germe.

♥ Avec la pointe d'un couteau, déposez sur chaque lamelle une pointe d'ail et une pointe de gingembre. Lavez la ciboulette et ciselez-la finement. Parsemez chaque assiette de ciboulette, en utilisant tout le bouquet.

♥ Faites chauffer une grande quantité d'eau salée. Dès qu'elle bout, faites cuire le riz à la créole. Pendant ce temps, écossez la cardamome pour en sortir les graines. Épluchez l'oignon, émincez-le et faites-le fondre dans l'huile d'olive jusqu'à ce qu'il soit doré. Ajoutez les graines de cardamome.

♥ Lorsque le riz est cuit, égouttez-le et ajoutez l'oignon à la cardamome. Salez, poivrez. Réservez au chaud.

♥ Au moment de servir, faites chauffer l'huile. Lorsqu'elle est bouillante, arrosez chaque lamelle à l'aide d'une cuillère à soupe. Le poisson doit frémir et très légèrement cuire. Salez et poivrez. Servez avec le riz et du saké chaud.

Cette recette se prépare à la dernière minute.

TURBOT
AUX MILLE SAVEURS

Préparation : **45 min**

Cuisson : **10 à 12 min pour le turbot + 25 min**

Difficile

- 1 bâton de réglisse
- 25 g de sucre en poudre
- 1 petit bulbe de fenouil
- 2 petits oignons frais
- 5 cl de lait
- 15 g de beurre
- 5 g de semoule de maïs
- 2 pincées de fécule de maïs
- 4 cuillerées à café de jus de citron vert
- 6 feuilles de coriandre fraîche
- 3 feuilles d'estragon
- 3 feuilles de basilic
- 3 cuillerées à soupe de bière blanche
- 5 cuillerées à café de miel de lavande
- 400 g de turbot avec peau et arêtes
- 1 cuillerée à soupe d'huile d'arachide
- Sel fin
- Fleur de sel

♥ Taillez la réglisse en 8 petits bâtonnets d'environ 8 cm de long. Dans une casserole, délayez le sucre en poudre avec 5 cuillerées à soupe d'eau. Ajoutez les bâtonnets de réglisse, portez à ébullition et baissez sur feu doux. Laissez cuire pendant 12 minutes jusqu'à obtenir un sirop.

♥ Dans une autre casserole, portez de l'eau à ébullition. Coupez le bulbe de fenouil en cubes. Dès que l'eau commence à frémir, ébouillantez-les pendant 2 minutes, puis égouttez-les. Réservez. Épluchez les oignons, laissez-les entiers.

♥ Préparez la polenta : dans une casserole, faites bouillir le lait avec le beurre. Jetez d'un seul coup la semoule et tournez jusqu'à ce que le mélange se détache de la casserole à feu moyen. Attention à ne pas faire brûler le fond ! Quand vous avez une pâte bien détachée, posez-la sur le plan de travail et moulez en rectangle de 2 cm de hauteur. Attendez qu'elle refroidisse.

♥ Ôtez les bâtonnets de réglisse du sirop. Ajoutez 1 cuillerée à café de jus de citron et une petite pincée de fécule de maïs. Mélangez et portez à ébullition. Retirez du feu dès l'obtention d'un coulis fluide. Réservez.

♥ Lavez et ciselez la coriandre, l'estragon et le basilic. Réservez. Dès que la polenta est froide, coupez-la en cubes de 2 cm de côté. Sur les bâtonnets de réglisse enfilez les oignons, la polenta et le fenouil. Réservez.

♥ Faites préchauffer le gril de votre four.

♥ Faites le jus : mélangez la bière avec 3 cuillerées à café de miel, 2 cuillerées à café de jus de citron et une pincée de fécule de maïs. Portez à ébullition. Ôtez du feu dès que vous avez obtenu un jus épaissi mais fluide. Ajoutez les herbes ciselées. Réservez ce jus au chaud.

♥ Placez les tronçons de turbot dans le panier vapeur de votre cocotte-minute, dans un couscoussier ou dans un cuit-vapeur. Saupoudrez de fleur de sel. Faites cuire à la vapeur pendant 10 à 12 minutes.

♥ À la fin de la cuisson, posez les morceaux de turbot sur un papier sulfurisé. Badigeonnez la peau avec 2 cuillerées à café de miel et le reste de jus de citron. Enfournez le turbot, côté peau sur le dessus. Laissez dorer sous le gril pendant 1 minute. Réservez au chaud.

♥ Dans une poêle, faites chauffer l'huile d'arachide et faites-y colorer les brochettes sur feu moyen. Salez. Dans des assiettes chaudes, dressez les tronçons de turbot grillé, nappez-les du jus à la bière. Décorez avec les brochettes arrosées du coulis de réglisse.

CETTE RECETTE PROPOSÉE PAR ALAIN SE PRÉPARE EN DEUX TEMPS.

PIGEONS
DE LA SAINT-VALENTIN

Préparation : **50 min**

Cuisson : **15 min**

Difficile

- 1 figue fraîche
- 2 figues sèches
- 1 douzaine d'amandes émondées
- 1 cuillerée à café de marmelade d'orange amère
- 1 pincée de noix muscade
- 2 cuillerées à café de crème fraîche épaisse
- 1 jaune d'œuf
- 50 g de beurre
- 2 pigeons avec leurs foies, leurs gésiers et leurs cœurs
- 20 g de gingembre confit
- 1 cuillerée à soupe de mie de pain

♥ Préparez votre farce aux figues. Pelez la figue fraîche et écrasez-la dans un poêlon avec les figues sèches. Ajoutez les amandes, la marmelade d'orange et râpez une pincée de noix muscade. Faites réduire sur feu doux sans laisser caraméliser jusqu'à obtention d'une consistance pâteuse. Laissez refroidir. Incorporez 1 cuillerée à café de crème épaisse, un demi-jaune d'œuf, une pincée de sel et 3 grains de poivre blanc. Faites cuire le mélange, jusqu'au début du frémissement. Ôtez du feu et gardez au chaud.

♥ Préparez votre farce aux cerises. Dans une poêle, faites fondre la moitié du beurre et faites revenir les abats des pigeons pendant quelques minutes sur feu vif jusqu'à coloration. Écrasez-les à chaud grossièrement avec une fourchette. Laissez refroidir.

♥ Pendant ce temps, émincez le gingembre confit et émiettez le pain. Incorporez aux abats un demi-jaune d'œuf, 1 cuillerée à café de crème fraîche, les cerises, les raisins, une pincée de sel et 3 grains de poivre blanc. Faites cuire le mélange jusqu'au début du frémissement. Ôtez du feu et gardez au chaud.

6 cerises au vinaigre

1 pincée de raisins blonds macérés dans du vieux rhum

1 filet d'huile de tournesol

1 verre de vieux rhum

20 g de gingembre frais

2 tranches épaisses de pain de mie

Sel, poivre blanc en grains

♥ Dans une cocotte, faites fondre le reste de beurre avec un filet d'huile de tournesol. Faites dorer les pigeons sur les quatre faces, jusqu'à apparition de quelques gouttes de sang. Flambez au vieux rhum.

♥ Sortez vos pigeons de la cocotte. Farcissez une volaille avec la farce aux figues et l'autre avec celle aux cerises. Fermez-les d'un point de suture et remettez-les à cuire dans la cocotte sur feu doux pendant 15 minutes.

♥ Pendant ce temps, pelez le gingembre frais. Frottez les tranches de pain de mie délicatement avec le gingembre. À la fin de la cuisson, sortez les pigeons de la cocotte et tenez-les au chaud. Faites revenir les tranches de pain dans les jus et sucs de cuisson de la cocotte.

♥ Dans un plat, dressez les deux pigeons sur les canapés tout chauds. Dégustez à deux avec les doigts.

Cette recette se prépare en deux temps.

SPAGHETTIS AUX PIGNONS
ET À LA CORIANDRE

Préparation : **10 min**

Cuisson : **2 à 3 min**

Facile

- 1 bouquet de coriandre
- 3 gousses d'ail
- 60 g de pecorino sec finement râpé
- 50 g de ricotta
- 10 cl d'huile d'olive
- 40 g de pignons
- 400 g de spaghettis ou de tagliatelles frais
- Parmesan rapé (facultatf)
- Sel, poivre du moulin

♥ Préparez votre pistou : rincez la coriandre, essuyez-la et effeuillez-la. Épluchez les gousses d'ail, coupez-les en quatre et mettez-les dans un mixeur.

♥ Ajoutez la moitié du pecorino, la ricotta, les feuilles de coriandre et l'huile. Salez et poivrez. Mixez jusqu'à obtention d'une fine purée. Réservez.

♥ Versez un filet d'huile d'olive dans une grande casserole d'eau salée. Dès que l'eau bout, plongez les pâtes fraîches. Avec une fourchette, détachez-les les unes des autres. Dès la reprise de l'ébullition, baissez le feu et laissez frémir le temps indiqué.

♥ Égouttez-les. Mélangez-les avec le pistou et servez immédiatement dans des assiettes chaudes, avec le fromage restant. Si vous le désirez, vous pouvez aussi accompagner les pâtes de parmesan râpé.

Ce plat se prépare à l'avance et peut attendre au frais.

SAUMONETTE CRUE
AU LAIT DE COCO

Préparation : **15 min**

Facile

250 g de saumonette (roussette) ou de thon blanc
1 petit oignon
1/2 concombre
2 petites tomates en grappe
1½ citron
20 cl de lait de coco
Quelques brins de ciboulette
2 bananes (facultatif)
25 g de beurre (facultatif)
Sel, poivre

♥ Coupez le poisson en lamelles et disposez-les dans un saladier. Épluchez l'oignon et le concombre. Émincez l'oignon et coupez le concombre en dés. Épépinez les tomates et coupez-les en dés.

♥ Ajoutez l'oignon, le concombre et les tomates au poisson. Arrosez du jus de citron. Salez. Mélangez délicatement et enlevez le surplus de jus. Laissez mariner pendant quelques minutes.

♥ Au moment de servir, arrosez avec le lait de coco et parsemez de ciboulette hachée. Vous pouvez, si vous le désirez, accompagner ce plat de bananes cuites revenues pendant quelques minutes dans du beurre chaud. Salez et poivrez.

Cette recette se prépare à la dernière minute.

BANANES AU CURRY

Préparation : **15 min**

Cuisson : **12 min**

Facile

- **1 morceau de racine de gingembre de 4 cm**
- **25 g de beurre**
- **400 g de bananes (2 grosses bananes)**
- **1 cuillerée à café de garam massala**
- **1 cuillerée à café de cumin en poudre**
- **1 pincée de piment de Cayenne en poudre**
- **1 petite cuillerée à café de curcuma**
- **1 citron**
- **250 g de yaourt nature**
- **1 bouquet de coriandre**
- **1 petite cuillerée à café de sel fin**
- **1 cuillerée à café de poivre noir moulu**

♥ Pelez le gingembre et coupez-le en tranches fines. Dans une casserole, faites fondre le beurre et faites revenir le gingembre pendant 4 à 5 minutes sur feu doux. Pelez les bananes et coupez-les en rondelles de 2 cm. Réservez.

♥ Dans la casserole, mélangez le garam massala, le cumin, le piment, le curcuma, le sel et le poivre. Mélangez pendant 2 minutes. Ajoutez les bananes et mélangez délicatement pour qu'elles soient bien enrobées d'épices.

♥ Pressez le citron. Incorporez-le au yaourt, puis versez le tout dans la casserole. Portez à ébullition sans cesser de mélanger, puis baissez le feu et laissez frémir pendant 10 minutes. Au moment de servir, parsemez de feuilles de coriandre.

En République centrafricaine, les indigènes croient qu'une feuille de bananier est capable de féconder une femme. Par conséquent, si une femme peut prouver qu'une feuille de bananier est tombée sur elle, elle ne sera pas accusée d'infidélité.

CE PLAT SE PRÉPARE
À L'AVANCE.

CAROTTES CARAMELISÉES
À L'AIL ET AU MIEL

Préparation : **10 min**

Cuisson : **30 min**

Facile

400 g de carottes
6 gousses d'ail
25 g de beurre
1 cuillerée à soupe de miel de millefleurs
1 cuillerée à café de graines de cumin
Sel, poivre

♥ Épluchez les carottes à l'aide d'un économe, et coupez-les en rondelles de 2 cm.
Laissez les gousses d'ail entières (enlevez juste la première peau).

♥ Dans une sauteuse antiadhésive, faites fondre le beurre. Ajoutez 7 cl d'eau, le miel, salez et poivrez. Portez à ébullition. Incorporez les carottes et les gousses d'ail. Couvrez et laissez cuire pendant 30 minutes à feu doux, en mélangeant de temps en temps.

♥ Les carottes sont cuites... quand l'eau est évaporée et qu'elles elles sont caramélisées, croustillantes à l'extérieur et fondantes à l'intérieur. Parsemez des graines de cumin et mélangez. Servez chaud.

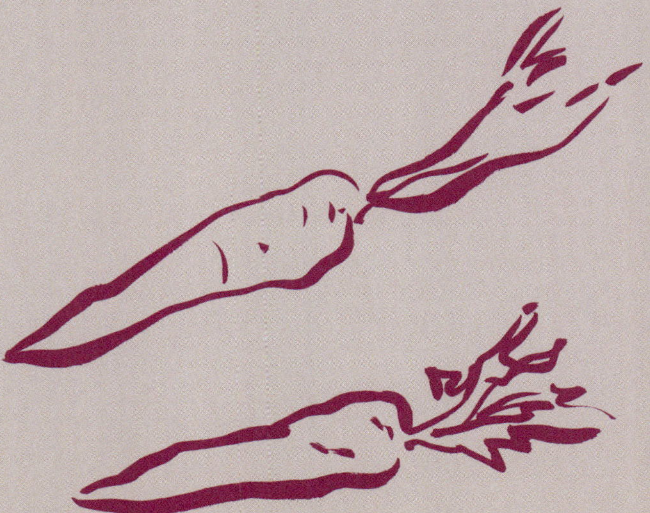

Ce plat se prépare au tout dernier moment.

PAVÉS DE MERLU LAQUÉS AUX ÉCHALOTES

Préparation : **30 min**

Cuisson : **35 min**

Moyen

- 10 cl de fumet de poisson instantané
- 2 cuillerées à soupe d'huile d'olive
- 2 pavés de merlu (ou de morue fraîche) avec leur peau
- 20 g de gingembre frais
- 1 cuillerée à soupe de sauce soja
- 2 cuillerées à soupe de vinaigre de xérès
- 1 cuillerée à soupe de graines de coriandre
- 1 cuillerée à café de baies roses
- 8 échalotes longues
- 40 g de beurre
- 1 cuillerée à soupe de sucre en poudre
- 10 cl de vin blanc moelleux
- 1 cuillerée à soupe de fleur de sel
- Sel, poivre du moulin

♥ Faites préchauffer votre four à 120 °C (thermostat 4). Préparez le fumet de poisson en suivant les indications portées sur le paquet. Huilez un plat allant au four et sur le feu. Piquez la peau des pavés de merlu avec une grosse aiguille. Déposez-le sur le plat avec la peau au-dessus.

♥ Pelez et émincez le gingembre. Ajoutez-le avec la sauce soja, 1 cuillerée à soupe de vinaigre et le restant d'huile. Poivrez. Arrosez les pavés de merlu avec ce mélange. Parsemez de coriandre, puis de baies roses.

♥ Enfournez le plat pendant 30 minutes en arrosant souvent pour avoir une chair moelleuse sous une peau dorée.

♥ Pendant ce temps, épluchez les échalotes. Mélangez 20 g de beurre et le sucre. Salez et poivrez. Faites chauffer ce mélange dans une sauteuse, ajoutez les échalotes entières. Couvrez et faites cuire sur feu doux pendant 5 minutes.

♥ Versez le vin et 1 cuillerée à soupe de vinaigre. Poursuivez la cuisson à découvert jusqu'à ce que le liquide soit évaporé. Surveillez la cuisson pendant 30 minutes en mélangeant de temps à autre.

♥ Sortez les pavés de merlu du four. Vérifiez la cuisson et réservez les pavés au chaud. Déglacez le plat du four sur le feu avec le fumet de poisson. Filtrez la sauce au chinois sur une casserole et incorporez le reste de beurre en fouettant.

♥ Nappez les assiettes de sauce et disposez les pavés pardessus. Parsemez de fleur de sel et entourez d'échalotes.

♥ Servez avec un sancerre ou un quincy.

Les douceurs des mariés

Là ! Là ! Pour le dessert, troussez moy ceste cotte,
Viste, chemise et tout, qu'il n'y demeure rien
Qui me puisse empescher de recognoistre bien
Du plus haut du nombril jusqu'au bas de la motte.

Là, sans vous renfroigner, venez que je vous frotte,
Et me laissez à part tout ce grave maintien :
Suis-je pas votre cœur ? Estes-vous pas le mien ?
C'est bien avecque moi qu'il vous faut faire la sotte !

Mon cœur, il est bien vray, mais vous en faites trop :
Remettez-vous au pas et quittez ce galop.
Ma belle, baisez-moi, c'est à vous de vous taire.

Ma foi, cela vous gaste au milieu du repas...
Belle, vous dites vray, mais se pourroit-il faire
de voir un si beau con, et ne le foutre pas ?

François de Malherbe

À préparer à l'avance pour avoir le temps de se pomponner ou de se raser !

CRÈME DE MANGUE
AUX DEUX BOULES

Préparation : **10 min**

Cuisson : **15 min**

Facile

- 2 mangues mûres
- 2 citrons verts
- 1 cuillerée à soupe de sucre de canne en poudre
- Gingembre en poudre
- Cannelle en poudre
- 1 cuillerée à soupe de crème fraîche
- 4 boules de sorbet au citron

♥ Coupez les mangues en deux. Prélevez toute la chair et coupez-la en petits morceaux égaux dans une casserole. Lavez les citrons, prélevez deux serpentins de zeste avec un couteau économe. Coupez les citrons en deux, puis pressez-les.

♥ Arrosez les morceaux de mangue de jus de citron. Dans une casserole, faites-les cuire sur feu très doux (au plus bas). Ajoutez le zeste de citron et le sucre de canne. Surveillez la cuisson en mélangeant régulièrement. Après 15 minutes de cuisson, ôtez du feu, saupoudrez de cannelle et de gingembre. Remuez et laissez complètement refroidir dans la casserole.

♥ Vous pouvez alors goûter, pour éventuellement ajouter un peu plus de sucre… ou d'épices ! Ôtez le zeste de citron de la préparation. Mettez la compote de mangues dans le bol du mixeur. Incorporez la crème fraîche et mélangez quelques secondes pour obtenir une belle crème onctueuse. Réservez au frais.

♥ Au moment de savourer, disposez dans chaque coupelle deux boules de sorbet de citron et cachez-les sous la crème de mangue.

« Les hommes se passionnent pour les femmes qui savent leur cuisiner de bonnes friandises. »

BALZAC

Les proportions de ce gâteau (signé Timothée) sont idéales pour un moule en forme de cœur. Vous pouvez préparer le matin pour le soir.

GÂTEAU LIBERTIN

Préparation : **15 min**

Cuisson : **20 min**

Facile

200 g de chocolat noir à pâtisserie

125 g de beurre

5 œufs

1 verre de café liquide

50 g de farine

150 g de sucre en poudre

125 g d'amandes en poudre

Quelques gouttes d'arôme d'amande amère

♥ Faites préchauffer votre four à 180 °C (thermostat 6).

♥ Cassez le chocolat et faites-le fondre avec 1 cuillerée à soupe d'eau au four à micro-ondes, au bain-marie ou à la vapeur (dans une assiette, sur une casserole d'eau qui bout). Faites ramollir votre beurre de la même façon.

♥ Préparez deux saladiers.
Cassez les œufs en séparant les jaunes des blancs. Mettez les jaunes dans l'un et les blancs dans l'autre. Battez les blancs en neige. Incorporez aux jaunes le sucre en poudre, la farine, le chocolat fondu, le café, les amandes, le beurre ramolli, puis les blancs montés en neige. Mélangez en soulevant délicatement la masse. Parfumez avec quelques gouttes d'arôme d'amande amère (dosez selon votre goût).

♥ Lorsque le mélange est homogène, versez-le dans le moule antiadhésif en forme de cœur. Faites cuire au four pendant 20 minutes.

♥ Vous pouvez, si vous le désirez, napper le gâteau avec un coulis de framboises frais (ou surgelé).

PRÉPAREZ CE DESSERT EN DEUX TEMPS : LA VEILLE ET LE JOUR MÊME.

PLAISIR FONDANT
AUX TROIS FRUITS ROUGES

Préparation : **30 min**

Cuisson : **12 min**

Réfrigération : **12 h**

Difficile

- 25 cl de lait
- 2 gousses de vanille
- 2 sachets de sucre vanillé
- 3 jaunes d'œufs
- 75 g de sucre blanc en poudre
- 1 cuillerée à café de curry en poudre
- 1 cuillerée à soupe de crème fraîche épaisse
- 100 g de fraises
- 100 g de fraises des bois
- 100 g de framboises
- 1 cuillerée à soupe de vinaigre balsamique
- 6 feuilles de menthe fraîche
- 1 cuillerée à soupe d'huile d'olive

♥ La veille du grand soir, préparez la glace. Mettez le lait dans une casserole, ouvrez les gousses de vanille en deux dans le sens de la longueur, grattez l'intérieur avec un couteau et mettez les petites graines et l'écorce dans le lait. Faites chauffer le tout. Dès que le lait bout, ôtez du feu et laissez infuser pendant 10 minutes. Incorporez 1 sachet de sucre vanillé.

♥ Cassez les œufs en séparant les jaunes des blancs (réservez les blancs pour des meringues ou une crème de beauté !). Fouettez les jaunes d'œufs avec 50 g de sucre jusqu'à ce que le mélange blanchisse. Ajoutez le curry. Mélangez.

♥ Versez le lait refroidi sur le mélange précédent, fouettez, puis remettez le tout dans la casserole du lait. Remuez constamment sur feu très doux avec une cuillère en bois, sans faire bouillir, pour épaissir, à la façon d'une crème anglaise, ce qui prend à peu près 10 minutes. Si jamais votre crème tourne, c'est-à-dire que son aspect devient granuleux, appelez SOS mixeur pour récupérer votre crème.

♥ Quand votre crème anglaise est cuite, incorporez la crème fraîche en fouettant. Versez le tout dans un plat allant au congélateur. Laissez glacer jusqu'au lendemain en remuant deux ou trois fois au cours des deux premières heures de congélation. (Si vous avez une sorbetière, votre glace n'en sera que meilleure.)

♥ Le jour même (4 heures avant la dégustation), rincez les fraises, puis équeutez-les (n'équeutez jamais les fraises avant de les rincer, elles perdraient leur saveur). Coupez-les en deux. Dans un récipient à couvercle, mélangez les fraises, les fraises des bois et les framboises. Incorporez 25 g de sucre, 1 sachet de sucre vanillé et la cuillerée de vinaigre. Fermez le récipient et laissez macérer au réfrigérateur.

♥ Quand le dessert approche, n'oubliez pas, entre deux baisers, de sortir la glace du congélateur 15 minutes avant de la savourer. Profitez-en pour rincer et sécher les feuilles de menthe. Au moment de servir, disposez les fruits sans leur sirop, avec deux boules de glace dans des coupes.

♥ Mélangez le sirop recueilli avec l'huile d'olive et fouettez vigoureusement. Arrosez les fruits et les boules de l'émulsion obtenue… et décorez avec les feuilles de menthe.

Pour gagner du temps, préparez la pâte à beignets à l'avance.

BEIGNETS
AUX MAGNOLIAS

Préparation : **5 min**

Cuisson : **5 min**

Facile

8 fleurs de magnolia
1 œuf
50 g de farine
1/2 bière blonde (17 cl)
Huile
Sucre glace

♥ Détachez les pétales des fleurs de magnolia. Posez-les sur un plat.

♥ Préparez la pâte à beignets. Mélangez bien à la spatule l'œuf, la farine et la bière. Laissez reposer 15 minutes au réfrigérateur.

♥ Au moment du dessert, faites chauffer un peu d'huile dans une poêle (ce n'est pas utile de préparer une friture). Passez les pétales (que vous prendrez délicatement entre deux fourchettes) dans la pâte à beignets et faites-les dorer dans l'huile bien chaude.

♥ Égouttez les beignets sur du papier absorbant et disposez-les sur un joli plat. Saupoudrez de sucre glace. Servez aussitôt.

PIERRE DE RONSARD
SONNET

Douce lancette à la couleur vermeille,
Dardant parfois la plus prompte vigueur,
Qui au toucher met le feu dans le cœur,
Assoupissant la vie qui sommeille,

Et qui savoure avecque sa pareille
Le doux friand d'une douce liqueur,
Rafraîchissant la brûlante chaleur,
Du sang bouillant sous l'ardeur non pareille ;

Chatouille un peu mon maintien endormi,
Te retirant, traversant à demi
Dedans le clos de la mienne couchée,

Je te rendrai le semblable plaisir,
Qui mettra sus le plus outré désir
En attendant la lutte trébuchée.

Ce dessert express se prépare à la dernière minute.

FIGUES RÔTIES AU GINGEMBRE ET MIEL DE LAVANDE

Préparation : **5 min**

Cuisson : **3 min**

Facile

- 4 grosses figues violettes de Provence
- 30 g de beurre
- 2 cuillerées à soupe de rhum brun
- 2 à 3 cuillerées à soupe de miel de lavande
- 20 g de gingembre confit
- 1 pincée de piment d'Espelette
- 2 feuilles de menthe ciselées (ou 1 brin ou 2 de romarin)
- Glace à la vanille ou à la figue (facultatif)

♥ Préchauffez votre four à 180 °C (thermostat 6).

♥ Coupez les figues en quatre quartiers. Faites-les revenir sur feu vif dans le beurre pendant quelques secondes dans une poêle bien chaude. Lorsqu'elles sont chaudes, versez le rhum sur les figues et flambez.

♥ Égouttez les figues et réservez-les au four chaud (éteint) dans des petits ramequins à gratin. Déglacez le fond de la poêle avec le miel. Ajoutez-y le gingembre émincé en julienne et couvrez d'une tasse à café d'eau. Arrosez les figues avec ce jus.

♥ Saupoudrez le plat d'une pincée de piment et de menthe ciselée ou de romarin. Servez aussitôt. Si vous le désirez, vous pouvez ajouter une boule de glace à la vanille ou à la figue.

♥ Accompagnez d'un banyuls blanc très frais ou d'un verre de loupiac.

PAUL ÉLUARD
LE BAISER

Toute tiède encore du linge annulé
Tu fermes les yeux et tu bouges
Comme bouge un chant qui naît
Vaguement mais de partout

Odorante et savoureuse
Tu dépasses sans te perdre
Les frontières de ton corps

Tu as enjambé le temps
Te voici femme nouvelle
Révélée à l'infini.

Cette recette se prépare à l'avance. Vous flamberez les fruits à la dernière minute.

PLAISIR DE JEUNE FILLE

Préparation : **15 min**

Cuisson : **10 min**

Facile

- **2 grosses bananes mûres**
- **20 g de beurre**
- **1/2 citron**
- **2 cuillerées à soupe d'amandes pilées**
- **1/2 verre de rhum**

Pour le sirop :

- **1 verre de vin pétillant**
- **Zeste de 1/2 orange**
- **1/2 bâton de cannelle**
- **1 pincée de noix muscade râpée**
- **3 clous de girofle**
- **120 g de sucre de canne brun en poudre**

♥ Pelez les bananes et coupez-les en tranches dans le sens de la longueur. Arrosez-les avec le jus de citron. Faites fondre le beurre dans une poêle et faites-y revenir les bananes sur feu doux, en les retournant pour qu'elles dorent des deux côtés.

♥ Pendant ce temps, mélangez dans une casserole, le vin, le zeste de l'orange coupé en petits morceaux, la cannelle émiettée, la noix muscade, les clous de girofle pilés et le sucre.

♥ Faites cuire pendant 10 minutes sur feu doux, en remuant souvent pour ne pas laisser attacher. Le sirop doit être fluide sans être liquide.

♥ Dans un moule à revêtement antiadhésif en forme de cœur. Disposez les tranches de bananes en éventail. Saupoudrez avec les amandes pilées et versez le sirop chaud dessus. Au moment de servir, arrosez avec le rhum et flambez.

Ce dessert rapide se prépare un peu l'avance.

TARTELETTES DU BONHEUR CARAMÉLISÉES

Préparation : **10 min**

Cuisson : **20 min**

Facile

- **1 rouleau de pâte feuilletée préétalée**
- **2 bananes**
- **50 g de sucre de canne en poudre**
- **Cannelle en poudre**
- **5 cl de vieux rhum**
- **Coulis de fruits au choix (facultatif)**

♥ Préchauffez votre four à 180 °C (thermostat 6).

♥ Déroulez la pâte feuilletée et coupez deux morceaux à la forme et à la dimension des bananes. Réservez le reste de pâte à un autre usage.

♥ Pelez les bananes et coupez-les en très fines lamelles. Placez les fonds de tartelettes sur la plaque de four recouverte d'un papier sulfurisé. Disposez les lamelles de bananes sur la pâte en les faisant se chevaucher. Saupoudrez du sucre et de cannelle selon votre goût.

♥ Faites cuire au four pendant 20 minutes. À la fin de la cuisson, arrosez les tartelettes de vieux rhum. Servez chaud ou tiède, avec un coulis de fruits (que vous trouverez très facilement en surgelé).

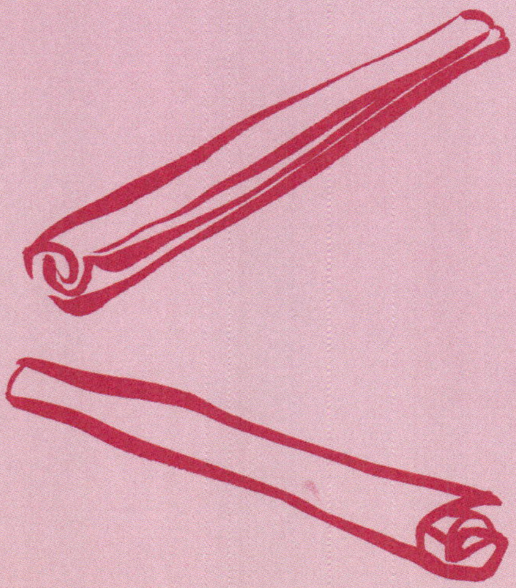

Préparez ce gâteau proposé par Hervé le matin pour le soir.

PÉCHÉ CAPITAL
AU CHOCOLAT

Macération : **24 h minimum**

Préparation : **15 min**

Cuisson : **30 min**

Moyen

- 1 tasse de café fort
- 3 œufs
- 150 g de chocolat noir à fort pourcentage de cacao
- 120 g de beurre
- 120 g de sucre en poudre
- 20 g de crème d'amande
- 1 pincée de sel

♥ Quelques jours avant le dîner, préparez la liqueur de gingembre. Émincez 30 g de gingembre confit, mettez-le dans une bouteille de verre, opaque de préférence, et ajoutez le verre de fine champagne. Laissez macérer à l'abri de la lumière pendant au moins 24 heures.

♥ Le jour du dîner, faites préchauffer votre four à 200 °C (thermostat 7).

♥ Préparez le café fort (on dit bien fort, ce qui ne veut pas dire serré). Cassez les œufs en séparant les jaunes des blancs.

♥ Dans une grande casserole, faites fondre le chocolat dans le café sur feu très doux. Hors du feu, incorporez le beurre, les jaunes d'œufs, le sucre en poudre et la crème d'amande. Mélangez le tout au fur et à mesure.

♥ Battez les blancs en neige avec le sel. Incorporez-les délicatement à la préparation. Versez la préparation dans un moule à revêtement antiadhésif. Faites cuire au four pendant environ 30 minutes.

Pour le glaçage :

125 g de chocolat noir

10 cl de crème fleurette

2 morceaux de gingembre confit (15 g)

Pour la liqueur de gingembre :

30 g de gingembre confit

1 verre de fine champagne (cognac)

♥ Surveillez la cuisson en piquant le gâteau avec la lame d'un couteau. Quand elle en ressort presque propre, votre gâteau est cuit. Sortez-le aussitôt du four et laissez-le refroidir.

♥ Préparez le glaçage. Dans une petite casserole, faites fondre le chocolat avec le verre de liqueur de gingembre et la crème fleurette. Mélangez soigneusement. Ôtez du feu. Coupez les 2 morceaux de gingembre confit en petits dés ou en fines lamelles. Incorporez-les au chocolat. Mélangez. Nappez le gâteau avec cette crème onctueuse. Laissez le gâteau à température ambiante. Ne mettez jamais le chocolat au frais : cela le dénature.

Préparez ce dessert à l'avance : il doit rester au réfrigérateur au moins 2 heures.

TENTATION DE CRÈME
AU GINGEMBRE

Préparation : **15 min**

Cuisson : **15 min**

Facile

- 10 g de gingembre frais
- 10 cl de lait entier pasteurisé
- 15 cl de crème fleurette
- 3 jaunes d'œufs
- 50 g de sucre en poudre
- 1 cuillerée à café de gingembre en poudre
- 10 g de gingembre confit

♥ Préchauffez le four à 200 °C (thermostat 7).

♥ Pelez le gingembre frais et coupez-le en petits morceaux. Dans une casserole, faites bouillir le lait et la crème fleurette. Au premier bouillon, éteignez le feu. Hors du feu, faites-y infuser le gingembre frais pendant environ 10 minutes.

♥ Pendant ce temps, battez les jaunes d'œufs avec le sucre et le gingembre en poudre, jusqu'à ce que le mélange blanchisse. Filtrez le lait et versez-le sur cette préparation. Mélangez.

♥ Répartissez ce mélange dans deux petits ramequins allant au four. Enfournez pendant 15 minutes.
Lorsque les crèmes sont cuites (c'est-à-dire légèrement tremblotantes), laissez-les refroidir, puis placez-les pendant 2 heures au réfrigérateur.

♥ Au moment de servir, coupez en très fines lamelles le gingembre confit et répartissez-le à la surface des crèmes. Réservez les blancs d'œufs pour préparer les sacrilèges à la crème d'amande (voir page XXX).

Ce dessert coquin se prépare à l'avance.

TÉTONS DE VÉNUS AU GINGEMBRE

Préparation : **15 min**

Cuisson : **25 min**

Moyen

- 2 citrons verts
- 1 morceau de gingembre de 2 cm
- 125 g de sucre
- 3 étoiles de badiane
- 1 pincée de cannelle en poudre
- 4 pêches blanches mûres mais fermes
- 10 g de gingembre confit
- 25 cl de glace à la vanille
- Quelques feuilles de menthe

♥ Pressez 1 citron et coupez l'autre en fines demi-rondelles. Pelez et émincez le gingembre.

♥ Dans une casserole assez grande pour contenir les pêches, mélangez le sucre en poudre, 25 cl d'eau, le jus et les demi-rondelles de citron, les étoiles de badiane, la cannelle et le gingembre. Portez à ébullition et laissez réduire à frémissement pendant 8 minutes. Surveillez pour que le mélange n'accroche pas.

♥ Pelez les pêches, coupez-les en deux et dénoyautez-les. Faites-les pocher dans le sirop pendant 2 à 3 minutes. Ôtez du feu et laissez refroidir.

♥ Prélevez 4 cuillerées à soupe de sirop, mettez-le dans une petite casserole avec 1 cuillerée à café de sucre en poudre. Laissez réduire sur feu vif jusqu'à l'obtention d'une consistance proche du miel. Réservez.

♥ Détaillez le gingembre confit en bâtonnets. Au moment de servir, répartissez les oreillons de pêches dans des assiettes creuses. Déposez une boule de glace à la vanille dessus, parsemez de bâtonnets de gingembre confit et nappez de sirop. Décorez avec les feuilles de menthe.

Préparez cette douceur à l'avance

ORANGES
AU JASMIN

Préparation : **10 min**

Facile

2 belles oranges

3 cuillerées à soupe de sucre roux en poudre

1 citron

Cannelle en poudre

Quelques pétales de fleur de jasmin

♥ Pelez les oranges en enlevant bien la peau blanche. Enlevez la tige blanche du milieu. Coupez les oranges en rondelles en récupérant le jus.

♥ Disposez les rondelles d'oranges dans une coupe, arrosez-les avec le jus du citron et leur propre jus. Saupoudrez-les de sucre. Mélangez. Réservez au frais.

♥ Au moment de servir, mélangez à nouveau et parsemez d'un nuage de cannelle et des pétales de jasmin.

Pour ne pas être pris au dépourvu, ayez toujours ces ingrédients à portée de main dans votre congélateur. Titoune et Béa ont inventé ce dessert qui se prépare très vite… à deux !

VOLUPTÉ DE FRAMBOISES FLAMBÉES

Préparation : **5 min**

Cuisson : **5 min (veillez à ce que les framboises soient bien décongelées)**

Moyen

250 g de framboises congelées

2 bonnes cuillerées à soupe de cassonade

Liqueur de Grand Marnier

Glace à la vanille

♥ Dans une casserole, faites chauffer sur feu doux les framboises congelées avec la cassonade. Préparez deux coupes à glace et disposez une boule de vanille dans chacune d'elles.

♥ Quand les framboises sont bien chaudes, arrosez-les de liqueur de Grand Marnier et faites flamber. Disposez sur la boule de glace et… consommez sans attendre !

Ce petit péché se prépare à l'avance.

FRUITS DÉFENDUS
RÔTIS AUX ÉPICES

Préparation : **20 min**

Cuisson : **30 min**

Moyen

- **3 pommes reines des reinettes**
- **1/2 orange**
- **3 noix de beurre**
- **5 clous de girofle**
- **3 étoiles de badiane**
- **1,5 bâton de cannelle**
- **1 cuillerée à soupe de pistaches émondées**
- **3 grosses cuillerées à soupe de miel liquide**

♥ Faites préchauffer votre four à 210 °C (thermostat 7).

♥ Évidez les pommes à l'aide d'un couteau spécial ou d'un petit couteau pointu en faisant attention à ne pas percer l'extrémité. Pelez les fruits jusqu'à la moitié.

♥ Prélevez le zeste d'une demi-orange avec un couteau économe et pressez le jus de cette moitié. Réservez.

♥ Disposez les pommes dans un plat allant au four, garnissez les cavités avec les noisettes de beurre, puis parsemez d'épices, de pistaches effilées et du zeste d'orange. Versez le jus d'orange dans le plat avec un petit verre d'eau, puis nappez les pommes avec le miel.

♥ Faites cuire au four pendant 30 minutes en arrosant souvent les pommes avec le sirop de cuisson. Ajoutez éventuellement un petit peu d'eau au cours de la cuisson pour éviter que les fruits attachent.

♥ Dressez les pommes sur le plat de service, arrosez du sirop de cuisson aux épices. Servez chaud ou tiède.

♥ Dégustez avec un jurançon (blanc moelleux).

Pensez à préparer ce dessert la veille.

TÊTE-À-TÊTE
CAFÉ-CHOCOLAT

Préparation : **15 min**

Cuisson : **3 min**

Réfrigération : **24 h**

Facile

- 125 g de chocolat noir
- 1 cuillerée à café d'extrait liquide de café
- 90 g de beurre ramolli
- 1 cuillerée à soupe de crème fleurette
- 2 blancs d'œufs
- 1 pincée de sel
- Gingembre en poudre
- Cannelle en poudre

♥ Cassez le chocolat en morceaux. Faites-les fondre au bain-marie avec l'extrait de café. Mélangez pour obtenir une crème onctueuse.

♥ Hors du feu, incorporez le beurre ramolli, morceau par morceau, n'ajoutez le suivant que lorsque le premier est bien fondu. Incorporez la crème fleurette. Mélangez. Vous devez obtenir une consistance proche d'une mayonnaise lisse et ferme. Mettez la préparation dans un saladier.

♥ Battez les blancs en neige avec le sel. Incorporez-les délicatement à la préparation au chocolat. Mettez le saladier couvert au réfrigérateur jusqu'au lendemain.

♥ Au moment de servir, grattez des copeaux avec une cuillère à soupe et disposez-les dans des assiettes. Saupoudrez, une partie de cannelle et l'autre de gingembre.

Cette gourmandise se prépare à l'avance.

GLACE COQUINE AU COCO ET AU SAFRAN

Préparation : **10 min**

Cuisson : **7 min**

Réfrigération : **8 h minimum**

Facile

- 18 cl de lait de coco
- 75 g de sucre en poudre
- 2 jaunes d'œufs
- 1/2 cuillerée à café de safran en poudre
- 25 cl de crème fleurette réfrigérée
- 1/2 cuillerée à café de filaments de safran émiettés
- 50 g de noix de coco râpée
- Cannelle en poudre

♥ Dans une casserole à bain-marie, faites chauffer le lait de coco, le sucre et le safran en poudre en mélangeant jusqu'à la dissolution du sucre. Au seuil de l'ébullition, ajoutez les jaunes d'œufs sans cesser de mélanger.

♥ Placez la casserole dans un bain-marie frémissant et continuez à remuer jusqu'à l'épaississement de la crème. L'opération prend environ 5 minutes. Attention ! À aucun moment la crème ne doit bouillir. Dès que la préparation nappe le dos de la cuillère, ôtez du feu. Transvasez dans un plat allant au congélateur. Laissez refroidir, puis placez dans le réfrigérateur pendant 2 heures.

♥ Incorporez ensuite la crème fleurette et les filaments de safran en fouettant. Couvrez et mettez à nouveau au congélateur pendant 3 heures en remuant toutes les heures si vous ne possédez pas de sorbetière. Incorporez alors la noix de coco. Laissez au congélateur encore 3 heures au minimum.

♥ N'oubliez pas de sortir votre glace du congélateur et de la placer au réfrigérateur 30 minutes avant le dessert. Servez deux boules dans chaque coupe et saupoudrez de cannelle.

Cette recette se prépare en deux temps.

GRANITÉ DE BACCHUS AU CHAMPAGNE

Préparation : **30 min**

Cuisson : **15 min**

Réfrigération : **3 h**

Difficile

100 g de sucre en poudre
1/2 citron
1/2 orange
25 cl de champagne brut
2 blancs d'œufs
1 pincée de sel
Gingembre en poudre

♥ Portez à ébullition 80 g de sucre avec 10 cl d'eau, le jus de citron et de l'orange jusqu'à l'obtention d'un sirop. Mélangez et laissez refroidir. Incorporez le champagne, versez dans un plat allant au congélateur ou dans une sorbetière. Si vous n'avez pas de sorbetière pensez à remuer plusieurs fois votre préparation, c'est très important pour la réussite de votre dessert.

♥ Au dernier moment, sortez le granité du congélateur. Préparez un bain-marie. Lorsque l'eau frémit, mettez les blancs d'œufs dans la petite casserole. Battez-les en neige avec une pincée de sel.

♥ Ajoutez en pluie 20 g de sucre et continuez à battre jusqu'à ce que l'ensemble ait la consistance luisante d'une meringue italienne. L'opération prend environ 2 minutes. Sortez la petite casserole de l'eau.

♥ Incorporez grossièrement cette meringue dans le granité. Disposez dans des coupes et saupoudrez généreusement de gingembre. Servez aussitôt.

Ce dessert se prépare impérativement à l'avance.

FRUITS EXOTIQUES
POCHÉS À LA VANILLE

Préparation : **30 min**

Cuisson : **12 min**

Réfrigération : **5 h**

Moyen

- 2 oranges non traitées
- 100 g de sucre en poudre
- 1 cuillerée à café de grenadine
- 5 cm de racine de gingembre (20 g)
- 1 gousse de vanille
- 1 citron vert
- 1 grosse mangue mûre
- 1 petit ananas
- 4 mini-bananes
- 300 g de papaye mûre
- 1 carambole
- Quelques brins de menthe fraîche

♥ Faites chauffer 5 cl d'eau dans une casserole. Pendant ce temps, coupez 1 orange en deux, prélevez le zeste d'une moitié et émincez-le en bâtonnets. Quand l'eau bout, faites-les blanchir pendant 1 minute. Retirez la casserole du feu.

♥ Ajoutez alors 25 g de sucre en poudre et mélangez. Remettez la casserole sur un feu très doux et faites confire les zestes pendant 5 minutes. Réservez jusqu'au moment de servir.

♥ Pelez la mangue, dénoyautez-la et coupez la chair en tranches. Pelez l'ananas et coupez-le en demi-tranches. Pelez les bananes et coupez-les en rondelles. Pelez la papaye, coupez-la en deux, retirez les graines et coupez-la en morceaux. Pelez les kiwis et découpez-les en tranches.

♥ Râpez le zeste du citron vert. Coupez l'autre moitié de l'orange en tranches fines avec leur peau.

♥ Pelez le gingembre et mixez-le. Fendez la gousse de vanille dans le sens de la longueur et grattez les graines.

♥ Pressez le citron vert (sans son zeste), l'orange entière et la moitié (sans son zeste).

♥ Préparez un sirop : faites chauffer sur feu doux 25 cl d'eau avec 75 g de sucre, le zeste de citron vert, les tranches d'orange, le gingembre mixé et la gousse de vanille avec ses graines.

♥ Lorsque le sirop est à ébullition, ajoutez les morceaux de banane et d'ananas. Laissez frémir sans bouillir pendant 2 minutes. Éteignez le feu. Ajoutez alors le reste des fruits préparés (mangue, kiwis, papaye) et arrosez-les des jus de citron et d'orange. Mélangez délicatement et laissez refroidir. Laissez reposer au réfrigérateur pendant 3 à 4 heures dans un plat de service.

♥ Au moment de servir, récupérez les zestes d'orange confits. Épluchez et coupez la carambole en tranches.

♥ Décorez votre salade de fruits rafraîchis avec les zestes d'orange, les tranches de carambole et quelques feuilles de menthe fraîche.

Conseil : S'il reste du sirop de fruits dans le fond de votre plat, gardez-le précieusement pour un délicieux punch remontant de fin de soirée ! Mettez en proportion égale du rhum blanc et votre sirop de fruits au gingembre, et ajoutez dans chaque verre quelques gouttes de citron vert.

Pensez à préparer cette douceur la veille. Vous la dégusterez le lendemain... sous la couette !

COMPOTE COCOONING
AUX PRUNEAUX GLACÉS

Préparation : **15 min**

Cuisson : **20 min**

Facile

2 1/2 citrons

250 g de pruneaux dénoyautés

25 cl de jus de pruneau

60 g de sucre en poudre

30 cl de crème fleurette

3 cl d'armagnac ou de cognac

20 cl de porto ou de xérès demi-sec

5 clous de girofle

12 moitiés de poires séchées

12 abricots secs

6 figues sèches

♥ Pressez 1 citron et demi. Récupérez-en le zeste. Émincez-le très finement. Réservez.

♥ Préparez la glace. Dans une casserole, faites chauffer 150 g de pruneaux, le jus de pruneau, le jus de citron et le sucre pendant 10 minutes sur feu doux. Dès que les pruneaux sont tendres, mixez la préparation et placez-la au réfrigérateur pendant 2 heures.

♥ Fouettez ensemble la crème fleurette, le zeste et l'armagnac ou le cognac. Versez le mélange dans un bac à glace, couvrez et placez pendant 3 heures au congélateur en mélangeant toutes les heures. Laissez ensuite durcir pendant encore 3 heures sans mélanger.

♥ Préparez la compote : pressez le citron restant, et râpez son zeste. Dans une casserole, faites chauffer sur feu très doux le porto ou le xérès avec les clous de girofle, le jus et le zeste du citron, les poires séchées, les abricots secs et les figues sèches. Ne laissez pas bouillir. Versez dans une jatte et laissez refroidir. Couvrez et placez au réfrigérateur pendant toute une nuit.

♥ Environ 30 minutes avant de servir, placez la glace dans le réfrigérateur pour la ramollir un peu. Servez deux boules par personne nappées de compote de fruits secs.

Vous pouvez préparer cette recette en deux temps : flambez les fruits à la dernière minute.

FRUITS FLAMBÉS
AU GINGEMBRE ET AU MIEL

Préparation : **15 min**

Cuisson : **5 min**

Moyen

- 5 cm de racine de gingembre (20 g)
- 1 mangue
- 1/2 ananas
- 20 grains de raisin blanc italien
- 1 citron vert
- 8 kumquats frais
- 1 gousse de vanille
- 4 cuillerées à soupe de miel d'acacia
- 40 g de beurre
- 4 abricots secs
- 4 cuillerées à soupe de vieux rhum

♥ Pelez la racine de gingembre et émincez-la en bâtonnets très fins. Coupez la mangue, dénoyautez-la et coupez la chair en tranches d'épaisseur moyenne.

♥ Pelez le demi-ananas, ôtez le cœur et coupez la chair en petits morceaux. Lavez les grains de raisin, le citron vert et les kumquats. Coupez les kumquats en deux et tranchez très finement le citron. Épépinez les grains de raisin.

♥ Fendez la gousse de vanille en deux et grattez les graines avec la lame d'un couteau. Incorporez-les au miel. Réservez.

♥ Dans une large poêle à revêtement antiadhésif, faites fondre le beurre. Lorsqu'il est mousseux, ajoutez les fruits frais et le gingembre. Faites-les revenir rapidement sur feu vif, puis baissez le feu et incorporez le miel à la vanille, puis les abricots secs. Mélangez délicatement pour enrober les fruits de miel. Flambez au rhum et servez aussitôt.

♥ Si vous préparez cette recette à l'avance, faites réchauffer les fruits dans la poêle sur feu doux, puis flambez au dernier moment.

« Viens Kypris
En nos coupes dorées
Verser avec délices
Le nectar qui se mêle au festin ! »

SAPPHO

La crème anglaise se prépare la veille.

POMMES DODUES AU FOUR À LA VANILLE ET CRÈME ANGLAISE

Préparation : **30 min**

Cuisson : **45 min**

Difficile

- 2 gousses de vanille bourbon
- 25 cl de lait entier pasteurisé
- 2 jaunes d'œufs
- 25 g de sucre en poudre
- 20 g de beurre
- 2 belles pommes reinettes
- 1/2 bâton de réglisse
- 20 g de sucre roux en poudre

♥ La veille, préparez la crème anglaise. Fendez une gousse de vanille dans le sens de la longueur. Grattez l'intérieur avec la lame d'un couteau. Dans une casserole, faites bouillir le lait avec la gousse et ses graines. Avant qu'il ne déborde, ôtez-le du feu. Laissez infuser pendant 10 minutes.

♥ Dans un saladier, fouettez les jaunes d'œufs avec le sucre blanc jusqu'à ce que le mélange blanchisse. Versez le lait dessus, remuez et remettez à cuire dans la casserole sur feu très doux en mélangeant constamment. Comptez environ 10 minutes pour laisser épaissir le mélange, puis ôtez-le du feu. Versez dans le saladier. Laissez refroidir la crème, puis réservez-la au réfrigérateur.

♥ Le lendemain, préchauffez le four 180 °C (thermostat 6). Sortez le beurre pour qu'il ramollisse. Lavez les pommes, évidez-les avec un couteau spécial afin que les fruits restent bien entiers.

♥ Ôtez l'écorce du bâton de réglisse et râpez le cœur avec une petite râpe à noix muscade. Mélangez le beurre mou avec le cœur de réglisse râpée et la moitié du sucre roux. Farcissez chacune des pommes avec ce mélange et disposez-les dans un plat allant au four.

♥ Coupez une gousse de vanille en quatre tronçons dans le sens de la largeur. Plantez-les dans les pommes. Saupoudrez avec le reste de sucre roux. Enfournez pendant 45 minutes.

♥ Pendant la cuisson, arrosez régulièrement les pommes avec le jus de cuisson. Nappez deux assiettes de crème anglaise et disposez les pommes au milieu. Servez aussitôt.

Vous pouvez préparer ce dessert à l'avance ou au dernier moment. Dans ce cas, réchauffez les briks au four pendant quelques minutes.

CROUSTILLANT EUPHORIQUE DE BANANES AUX ÉPICES

Préparation : **15 min**

Cuisson : **15 à 20 min**

Moyen

- **2 feuilles de brik**
- **25 g de beurre**
- **1 cuillerée à café de sucre roux en poudre**
- **1 cuillerée à café de cannelle en poudre**
- **1/2 citron jaune**
- **1 citron vert**
- **3 baies de genièvre**
- **4 mini-bananes**
- **2 cuillerées à soupe de miel de romarin**
- **1 pincée de gingembre en poudre**
- **1 cuillerée à café de sucre glace**

♥ Préchauffez votre four à 180 °C (thermostat 6). Taillez 6 jolis cœurs dans les feuilles de brik et disposez-les sur la plaque du four recouverte d'une feuille de papier sulfurisé.

♥ Clarifiez le beurre. Dans une casserole, faites-le fondre sur feu doux, puis laissez-le reposer quelques secondes. Avec une écumoire, enlevez la mousse qui est en surface. Versez le beurre dans un bol à travers un chinois et badigeonnez les feuilles de brik au pinceau avec une partie du beurre clarifié. Réservez le reste.

♥ Saupoudrez les feuilles de brik de sucre roux et d'une demi-cuillerée à café de cannelle. Faites-les dorer au four pendant 10 minutes.

♥ Pressez le demi-citron jaune et la moitié du citron vert. Détaillez l'autre moitié en fines lamelles. Écrasez les baies de genièvre et pelez les bananes.

♥ Dans une poêle à revêtement anti-adhésif, faites fondre le reste du beurre clarifié et ajoutez les bananes. Faites-les dorer pendant 5 minutes, puis arrosez-les du jus de citron vert. Ajoutez le miel, le genièvre, le gingembre, les tranches de citron vert et la cannelle restante. Faites cuire sur feu doux en retournant régulièrement les bananes pendant 5 minutes.

♥ Placez un cœur de brik dans chaque assiette. Posez une banane dessus. Superposez un autre cœur, une banane, puis terminez par un dernier cœur. Saupoudrez de sucre glace et d'une pincée de cannelle. Arrosez avec le sirop de cuisson. Servez aussitôt.

Ce péché mignon se prépare toujours à l'avance.

Duo de chocolat blanc-chocolat noir

Préparation : **25 min**

Cuisson : **15 min**

Réfrigération : **5 à 6 h**

Facile

- 125 g de chocolat blanc
- 250 g de crème fleurette
- 175 g de sucre en poudre
- 65 g de cacao amer en poudre
- 40 g de beurre
- Quelques feuilles de menthe

♥ Faites fondre le chocolat blanc au bain-marie. Ôtez du feu et laissez refroidir sans laisser durcir.
Pendant ce temps, battez la crème fleurette en chantilly. Incorporez-la délicatement au chocolat blanc fondu. Couvrez et réservez au réfrigérateur pendant 5 à 6 heures.

♥ Préparez la sauce au chocolat noir. Dans une casserole, faites bouillir 25 cl d'eau, le sucre en poudre et le cacao. À l'ébullition, incorporez le beurre. Faites bouillir encore 2 minutes et ôtez du feu. Versez cette sauce dans un saladier, laissez-la refroidir, puis réservez-la au réfrigérateur.

♥ Au moment de servir, nappez les assiettes de sauce au chocolat noir et posez délicatement par-dessus des quenelles de mousse au chocolat blanc. Décorez avec quelques feuilles de menthe fraîche en bouquet. Servez aussitôt.

♥ Dégustez avec un des cafés aromatisés que nous vous proposons.

« Heureux chocolat, qui après avoir couru le monde, à travers le sourire des femmes, trouve la mort dans un baiser savoureux et fondant de leur bouche. »

Brillat-Savarin

Seule la glace se prépare à l'avance. La présentation se réalise en tour de main, au dernier moment.

AMOUR GLACÉ
AUX PIGNONS DORÉS ET FIGUES ÉCLATÉES

Préparation : **20 min**

Cuisson : **5 min**

Réfrigération : **4 h**

Moyen

50 cl de crème glacée à la vanille

75 g de pignons

10 cl de crème fleurette

8 figues fraîches

20 g de beurre

1 cuillerée à soupe de liqueur de Grand Marnier

Sucre glace

♥ Laissez la crème glacée à la vanille se ramollir à température ambiante environ 10 minutes. Pendant ce temps, faites légèrement dorer les pignons sans matières grasses dans une poêle.

♥ Battez la crème fleurette en chantilly. Mélangez la crème chantilly, la glace et les pignons à l'aide d'une cuillère en bois. Versez ce mélange dans un moule allant au congélateur. Laissez prendre la glace pendant 4 heures au minimum.

♥ Sortez la glace du congélateur 10 minutes avant le service. Pelez et coupez les figues en quatre. Au moment du dessert, faites fondre le beurre dans une poêle, puis versez la liqueur de Grand Marnier. Faites-y revenir les morceaux de figues pendant 5 minutes sur feu doux.

♥ Coupez quelques tranches de glace, disposez-les sur des assiettes à dessert, puis décorez avec les figues poêlées. Saupoudrez de sucre glace. Servez aussitôt.

Pensez à préparer ce dessert un peu à l'avance.

PÊCHES EN FOLIE
AU VIN DE MUSCAT ET MIEL DE LAVANDE

Préparation : **30 min**

Cuisson : **15 min**

Réfrigération : **1 h**

Facile

4 belles pêches pas trop mûres

25 cl de sirop de canne liquide

1 verre de muscat sec

1 cuillerée à soupe de miel de lavande

♥ Faites pocher les pêches pendant 5 minutes dans l'eau bouillante hors du feu. Laissez-les refroidir un peu et pelez-les délicatement. Coupez-les en deux et dénoyautez-les. Placez-les dans un petit saladier.

♥ Faites chauffer le sirop de canne jusqu'à ébullition avec le muscat sec et le miel. Laissez mijoter sur feu très doux pendant 5 minutes.

♥ Dressez les pêches dans des coupes individuelles. Versez le sirop obtenu sur les fruits. Couvrez et laissez refroidir. Réservez.

♥ Faites réduire le sirop d'un tiers. Versez-le sur les pêches et laissez refroidir à température ambiante. Lorsque les pêches sont froides, placez-les au réfrigérateur 1 heure avant de servir.

♥ Dégustez avec un muscat de saint-jean de minervois.

AMOURS EN CAGE
ENROBÉS DE CHOCOLAT

Préparation : **10 min**

Facile

20 amours en cage
50 g de chocolat noir
20 g de sucre glace
20 g de beurre
Eau

Ustensiles :
20 épingles à linge

♥ Rincez les fruits rapidement sous l'eau sans mouiller les calices. Ouvrez-les pour dégager le fruit. Essuyez-les délicatement.

♥ Faites fondre le chocolat au bain-marie. Incorporez le sucre glace passé au chinois, puis le beurre en dés. Faites fondre le tout en mélangeant, puis ôtez du feu. Ajoutez une par une des cuillerées d'eau froide jusqu'à obtenir un glaçage fluide et onctueux.

♥ Trempez un à un les amours en cage dans le glaçage avant qu'il ne durcisse. Accrochez-les par leur calice avec une pince à linge sur un fil ou une autre suspension.

♥ Attendez que le glaçage durcisse, détachez les fruits, ouvrez de nouveau les calices pour offrir le fruit à votre gourmandise.

L'AMOUR EN CAGE EST UN PETIT FRUIT EXOTIQUE. APPELÉ AUSSI PHYSALIS, TOMATILLO, COQUERET OU ALKÉKENGE, IL S'AGIT D'UNE BAIE JAUNE ORANGÉ DE LA TAILLE D'UN KUMQUAT CACHÉE DANS UN CALICE RESSEMBLANT À DU PAPIER.

Vous pouvez préparer la pâte à soufflé à l'avance. Enfournez les moules au dernier moment : les soufflés n'attendent pas.

SOUFFLÉS AU CAFÉ ET À LA CARDAMOME
À LA POUDRE DE FÉE CACAO

Préparation : **15 min**

Cuisson : **20 à 25 min**

Moyen

- 12,5 cl de lait entier pasteurisé
- 1 cuillerée à soupe de café soluble
- 1/4 de cuillerée à café de cardamome blanche en poudre
- 45 g de sucre en poudre
- 2 jaunes d'œufs
- 15 g de farine
- 3 blancs d'œufs
- 1 pincée de sel
- 1 cuillerée à café de cacao
- 15 g de beurre

♥ Délayez le café soluble dans un peu de lait. Portez le reste du lait à ébullition avec la cardamome et versez-le immédiatement sur le café. Réservez.

♥ Dans un saladier, mélangez 15 g de sucre aux jaunes d'œufs et battez jusqu'à ce que le mélange blanchisse. Incorporez délicatement la farine. Versez ensuite le café au lait, sans cesser de fouetter.

♥ Transvasez le mélange dans une casserole. Mettez sur feu très doux sans cesser de fouetter jusqu'au premier bouillon. Une fois la crème cuite, versez-la dans un saladier afin qu'elle refroidisse. Vannez la crème (remuez-la pendant qu'elle refroidit pour éviter la formation d'une peau à la surface).

♥ Préchauffez votre four à 200 °C (thermostat 7).

♥ Montez les blancs d'œufs en neige ferme avec le sel en ajoutant 15 g de sucre. Incorporez délicatement les blancs à la crème au café en soulevant la masse.

♥ Beurrez deux moules à soufflé individuels avec 20 g de beurre et 15 g de sucre. Garnissez les moules de pâte aux trois quarts. Enfournez pendant 20 minutes. Saupoudrez de cacao. Servez aussitôt.

♥ Vous pouvez déguster ce dessert avec un vieux rivesaltes.

Ce petit péché se prépare à l'avance et se conserve pendant 6 jours dans une boîte hermétique.

SACRILÈGE
À LA CRÈME D'AMANDE

Préparation : **10 min**

Cuisson : **10 min**

Facile

80 g de beurre
125 g de sucre glace
90 g de poudre d'amande
2 blancs d'œufs
30 g de farine

♥ Faites préchauffer votre four à 250 °C (thermostat 9).

♥ Dans une casserole, faites fondre 80 g de beurre jusqu'à ce qu'il soit à peine coloré. Dans un saladier, mélangez le sucre glace, la poudre d'amande, la farine et les blancs d'œufs. Incorporez le beurre chaud.

♥ Prenez un moule à revêtement antiadhésif, remplissez-le à mi-hauteur avec la préparation.

♥ Faites cuire au four à 250 °C (thermostat 9) pendant 5 minutes. Poursuivez la cuisson à 200 °C (thermostat 7) pendant encore 5 minutes.

♥ Éteignez le four, laissez le gêteau à l'intérieur encore pendant 3 minutes. Sortez-le et démoulez-le encore chaud.

Les boissons d'Éros

Les contours de tes reins sont comme des colliers
Ouvrés par une main d'artiste.
Ta gorge est une coupe arrondie,
Pleine d'un vin parfumé.
Ton corps est comme une meule de froment,
Couronnée de lis.
Tes deux seins sont comme des faons
Jumeaux d'une gazelle.

Ô mon amour, source de délices !
Ta taille est souple comme un palmier.
Et tes seins ressemblent à des grappes.
J'ai dit : « Je veux monter à la cime de ce palmier,
J'en saisirai les rameaux ! »
Que tes seins soient pour moi comme les grappes de la vigne,
Que ta bouche me verse un vin généreux…

Oui, un vin qui ne coulera que pour mon bien-aimé,
Et qui rafraîchira nos lèvres à l'heure du sommeil !…

Cantique des cantiques **I, 2**

APÉRITIFS
PRÉLUDE À L'AMOUR

ÇHAMPAGNE
À LA LIQUEUR
DE ROSE

Versez un nuage de liqueur de rose dans le fond de votre flûte à champagne.
Ajoutez le champagne petit à petit et… trinquez !

SUZE

À base de genièvre, baie réputée aphrodisiaque, la Suze est l'apéritif des amateurs par excellence.

PHILTRE DES AMANTS
DÉBRIDÉS

Versez dans un récipient 1 litre de vin de cahors et faites-y macérer pendant 18 heures : 6 kiwis pelés et écrasés, 100 g de sucre en poudre, 20 g de racine de gingembre (pelée et coupée), 1 orange lavée et coupée en quatre quartiers, une pointe de couteau de piment d'Espelette en poudre, 10 graines de coriandre, 2 cuillerées à café de miel de romarin, 1 petit verre de whisky et 10 clous de girofle.
Filtrez et mettez en bouteille. Conservez au réfrigérateur. Au moment de l'apéritif, versez un fond de cette liqueur dans deux coupes à champagne et complétez avec du champagne brut.

PUNCH APHRODISIAQUE
ANTILLAIS

Dans 25 cl de rhum blanc, faites macérer pendant 5 jours : 6 morceaux de racine de citronnelle de 10 cm finement hachés, 2 citrons verts hachés, 1 cuillerée à soupe de cannelle en poudre, 1 cuillerée à soupe d'anis étoilé (badiane). Après 5 jours, filtrez et ajoutez 75 cl de miel. Mélangez bien et laissez reposer quelques jours.

VOLCANO
LIQUEUR DE TSAN

Laissez macérer pendant une nuit 2 verres d'eau-de-vie de poire, 1 cuillerée à café de gingembre en poudre, 1/2 cuillerée à café de noix muscade râpée, 1/2 cuillerée à café de cannelle en poudre, le zeste et le jus de 1/2 pamplemousse rose.
Filtrez et réservez au réfrigérateur.
Vous pouvez consommer aussi cette boisson en digestif ou en reconstituant après l'amour.

PRÉLUDE
EXPLOSIF

Quelques jours avant la rencontre, préparez la liqueur de gingembre.
Dans 50 cl de fine champagne (cognac ou armagnac), faites macérer à l'abri de la lumière 100 g de gingembre confit coupé en petits dés.
Le jour même, faites cuire dans 50 cl d'eau sur feu doux, pendant 20 minutes : 20 g de céleri frais, 20 g de sarriette, 30 g de racine de gingembre et 20 g de racine de ginseng coupés en lamelles.
Filtrez au chinois et mettez le liquide à rafraîchir. Servez en apéritif en le mélangeant à un verre à liqueur de fine champagne au gingembre, avec de la glace pilée ou simplement des glaçons.

CAFÉS D'APHRODITE

CAFÉ
À LA CARDAMOME

Dans chaque tasse de café chaud, faites infuser pendant quelques minutes 3 graines de cardamome.

CAFÉ
AU GINSENG

Le ginseng se trouve dans les boutiques chinoises sous forme de sucre ou de sachet.
Laissez infuser pendant quelques minutes un sucre ou un sachet dans une tasse de café chaud.

CAFÉ
AU CURAÇAO

Préparez le café pour 4 tasses. Dans la cafetière, ajoutez 20 cl de curaçao.

CAFÉ
À LA CANNELLE

Dans le café chaud, faites infuser un demi-bâtonnet de cannelle pendant 2 minutes.

CAFÉ
DU DIABLE

- 4 morceaux de sucre
- 4 clous de girofle
- 1 bâton de cannelle
- 1 zeste de citron râpé
- 15 cl de cognac
- 2 tasses de café fort

Au dernier moment !
Dans un récipient, mélangez le sucre, les épices et le zeste, Flambez au cognac et mélangez bien pendant 2 minutes. Tout en continuant de battre, versez peu à peu le café bien chaud. Servez.

« Noir comme le diable
Chaud comme l'enfer
Pur comme un ange
Doux comme l'amour… »

TALLEYRAND

THÉS DE CUPIDON

THÉ
À LA CARDAMOME

Faites infuser pendant quelques minutes 3 ou 4 graines de cardamome dans chaque tasse.

THÉ
À LA ROSE

Achetez chez l'herboriste un paquet de pétales de rose séchées du Mara.
Préparez un thé de Ceylan (avec 30 g de feuilles) et laissez infuser avec 10 g de pétales de roses.

THÉ GLACÉ
AU GINGEMBRE

Faites infuser dans de l'eau bouillante 80 g de gingembre confit coupé en dés. Ajoutez-y du thé de Chine et faites infuser encore le tout pendant 20 minutes. Filtrez et consommez glacé.

THÉ
À LA SAUGE

Faites infuser quelques feuilles de sauge fraîche (ou séchée) dans de l'eau bouillante. Ajoutez-y du thé. Filtrez et mélangez avec 1 cuillerée à café de miel de lavande.

THÉ
DE LA PASSION

Dans un thé léger, ajoutez le jus de 2 fruits de la passion. Servez aussitôt.

CHOCOLAT CHAUD
AUX ÉPICES

Préparation : **10 min**

- 35 g de chocolat noir
- 10 g de cacao pur en pâte
- 35 cl de crème fraîche épaisse
- 1/2 cuillerée à café de café soluble
- Vanille liquide
- 1 pincée de cannelle en poudre
- 1 litre de lait entier
- 40 g de cacao amer en poudre

♥ Faites fondre le chocolat et le cacao en pâte au bain-marie. Réservez.

♥ Faites bouillir la crème fraîche deux fois. Incorporez le café soluble à la crème et versez sur le chocolat fondu. Mélangez bien avec une cuillère en bois. Ajoutez quelques gouttes de vanille et la cannelle.

♥ Faites bouillir le lait sur feu doux, puis incorporez le cacao en poudre. Versez le mélange sur la préparation au chocolat. Refaites bouillir le tout en fouettant. Servez aussitôt.

En 1585, la première cargaison des conquistadores débarqua enfin la boisson du grand Inca. Le pape Clément VIII, qui avait entendu parler des prouesses de l'élixir, voulut absolument en boire. Mais il trouva ce nectar prometteur si amer qu'il ne put pas aller au-delà d'une gorgée. On le donna alors aux nonnes, qui remplacèrent l'amertume et le piquant par le miel, la vanille et la crème.
Le chocolat était né !

RECONSTITUANTS
APRÈS L'AMOUR

GROSSE FATIGUE

Battez 1 jaune d'œuf dans 1 verre de bière brune. Consommez immédiatement.

PORTO-FLIP

Mélangez 1 verre de porto blanc à 1 cuillerée à café de sucre en poudre, 1 jaune d'œuf (coque), 1 pincée de noix muscade râpée et 1 cuillerée à soupe de glace pilée.

LAIT DE POULE

Mélangez au gobelet à cocktail ou au mixeur 1 verre à liqueur de rhum, 1 jaune d'œuf (coque), 2 cuillerées à soupe de sucre en poudre et quelques gouttes d'extrait de vanille.

COCKTAIL « LEVIER » RÉGÉNÉRANT

Mélangez au gobelet à cocktail ou au mixeur 1 jaune d'œuf (coque), 1 cuillerée à café de sucre en poudre, 1/2 verre de cointreau, 1/2 verre de pastis, 1 verre de rhum et 1 cuillerée à soupe de glace pilée.

LE SECRET **DU COSAQUE**

Mélangez 1 bouteille de vodka et 15 g de poivre de Cayenne, 15 graines d'aneth (fenouil sauvage), une dizaine de feuilles de basilic et une branche de thym frais. Laissez macérer une bonne journée (ou plus si vous le désirez). Mettez au congélateur. Filtrez et buvez frappé.

Vous pouvez aussi faire macérer 1 gousse de vanille coupée en deux, 13 graines de coriandre et 3 clous de girofle pendant 1 mois dans 1 litre de vodka. Filtrez et mettez au congélateur jusqu'à la consommation.

KAMA SUTRA

Pendant 10 jours, laissez macérer 4 g de racine séchée de ginseng dans 10 cl de vin liquoreux. Buvez un petit verre après le repas.

INDEX
DES RECETTES

REMERCIEMENTS

À Henri,
avec qui nous aurions
aimé essayer toutes
les recettes…

À nos « maîtres queux »
Véronique et Véronique,
Christian, Rémi, Fadia, Annie,
Catherine et Catherine,
Titoune, Béa, Marie-Danièle,
Alain, Maud, Hervé, Claire,
Tsan, Dominique et Timothée.

À nos « goûteurs » et à tous
leurs futurs petits gourmands…
dans 9 mois !

Achevé d'imprimer
en janvier 2003
sur les presses de l'imprimerie Pollina, à Luçon - n° L88622
ISBN : 2-8307-0687-0
Dépôt légal : février 2003
imprimé en France